サッカー女子のWEリーグが2023−24年シーズ〇〇〇〇〇〇が参入した3季目〇〇〇〇〇は4勝6分け12敗〇〇〇に終わった。

〇〇〇〇〇〇の前進を目指し〇〇〇〇〇〇〇、真冬の中断期間には〇〇〇メイ合宿を敢行。巻き返しに期待が高まったが〇、その後第9節から12試合勝ち星なしと低迷した。

優勝の浦和をはじめ上位勢には個の技術と連係〇、試合運びの差を見せつけられた。中位でしのぎを削〇る他のチームとも厳しい戦いの連続。最終節、最〇位相模原とのホーム試合が今季を象徴した。パス〇ス を突かれて先制される。粘り強く追いつきなが〇、最終盤で隙が生じ、決勝点を許した。

5季在籍した前季主将の大久保舞ら複数の主〇がチームを離れる。決定力不足を補う補強と併せ〇チーム全体の基礎固め、守りの強化が欠かせない〇今季7得点と気を吐いた22歳の主将伊藤めぐみ（〇訪市出身）は「自分のゴールでチームを勝たせたい〇と思うようになった」と語る。チーム一丸で勝利〇目指すのが「AC長野らしさ」。サポーターの熱い〇援を背に、心を合わせ、その姿を取り戻そう。

苦闘の WEリーグ3季目

個の力、連係　上位と隔たり
悔しさばねに奮起と立て直しを

目次

風間 優華
Yuka KAZAMA
GK
31
❶1999年5月27日生
❷175cm/67kg ❸B型
❹長野県（信濃町）❺FCふじざくら山梨

梅村 真央
Mao UMEMURA
GK
21
❶2000年11月18日生
❷169cm/59kg ❸B型 ❹三重県
❺流通経済大

伊藤 有里彩
Yuria ITO
GK
1
❶2001年4月2日生
❷172cm/63kg ❸B型
❹長野県（諏訪市）❺前橋育英高

AC長野
パルセイロ
レディース
2023-24
選手・スタッフ名鑑

❶生年月日 ❷身長/体重 ❸血液型
❹出身地 ❺前所属チーム
☆＝シーズン中入団

岩下 胡桃
Kurumi IWASHITA
DF
5
❶1999年11月2日生
❷170cm/57kg ❸A型 ❹栃木県
山梨学院大

長江 伊吹
Ibuki NAGAE
DF
4
❶2002年3月3日生
❷160cm/52kg ❸O型 ❹富山県
❺INAC神戸レオネッサ

岡本 祐花
Yuka OKAMOTO
DF
3
❶1997年9月20日生
❷168cm/54kg ❸AB型 ❹東京都
❺日体大FIELDS横浜

奥津 礼菜
Rena OKUTSU
DF
2
❶1997年5月12日生
❷161cm/53kg ❸A型 ❹神奈川県
❺ジェフユナイテッド市原・千葉レディース

橋谷 優里
Yuri HASHITANI
DF
24
❶1997年11月15日生
❷164cm/57kg ❸A型 ❹宮崎県
日体大FIELDS横浜

久保田 明未
Ami KUBOTA
DF
23
❶1999年9月14日生
❷167cm/57kg ❸B型 ❹茨城県
❺日本体育大・日体大FIELDS横浜

奥川 千沙
Chisa OKUGAWA
DF
22
❶1995年8月24日生
❷160cm/57kg ❸O型 ❹愛知県
❺マイナビ仙台レディース

中野 琴音
Kotone NAKANO
DF
15
❶2004年5月13日生
❷162cm/54kg ❸O型
❹熊本県 ❺作陽高

三谷 沙也加
Sayaka MITANI

MF 7

❶1995年5月13日生
❷161cm/49kg ❸B型 ❹岡山県
❺浦和レッドダイヤモンズレディース

大久保 舞
Mai OKUBO

MF 6

❶1996年9月3日生
❷161cm/49kg ❸O型 ❹山梨県
❺ジェフユナイテッド市原・千葉レディース

知久 奈菜穂
Nanao CHIKU

DF 27

❶12002年3月2日生
❷155cm/49kg ❸O型 ❹東京都
❺日本体育大・日体大SMG横浜☆

高野瀬 紫苑
Shion KONOSE

DF 26

❶2001年10月24日生
❷166cm/58kg ❸B型 ❹茨北海道
❺神奈川大 ☆

成田 恵理
Eri NARITA

MF 17

❶1998年2月3日生
❷160cm/54kg ❸O型 ❹茨城県
❺マイナビ仙台レディース

鈴木 日奈子
Hinako SUZUKI

MF 16

❶1998年5月20日生
❷162cm/54kg ❸B型 ❹栃木県
❺山梨学院大

菊池 まりあ
Maria KIKUCHI

MF 14

❶2001年12月5日生
❷160cm/53kg ❸A型 ❹宮崎県
❺INAC神戸レオネッサ

福田 ゆい
Yui FUKUTA

MF 8

❶1998年5月20日生
❷165cm/56kg ❸A型 ❹愛知県
❺マイナビ仙台レディース

中村 恵実
Megumi NAKAMURA

FW 9

❶2000年8月24日生
❷168cm/59kg ❸A型
❹長野県(長野市) ❺常盤木高

稲村 雪乃
Yukino INAMURA

MF 28

❶2003年2月19日生 ❷157cm/53kg
❸O型 ❹長野県(宮田村)
❺開志学園JAPANサッカーカレッジ高等部

ナッタワディ・プラムナーク
NUTWADEE PRAM-NAK

MF 25

❶2000年10月9日生
❷160cm/51kg ❸B型
❹タイ ❺Bangkok

伊藤 めぐみ
Megumi ITO

MF 18

❶2002年4月7日生
❷150cm/47kg ❸不明
❹長野県(諏訪市) ❺JFAアカデミー福島

安倍 乃花

FW 19

❶2004年3月16日生
❷171cm/59kg ❸B型 ❹大分県
❺柳ヶ浦高

上田 莉帆

Riho UEDA

FW 13

❶2000年9月13日生
❷165cm/53kg ❸A型 ❹神奈川県
❺山梨学院大

川船 暁海

Akimi KAWAFUNE

FW 11

❶2003年12月25日生 ❷160cm/55kg
❸A型 ❹長野県(長野市)
❺AC長野パルセイロ·シュヴェスター

タニーガーン・デーンダー

TANEEKARN DANGDA

FW 10

❶1992年12月15日生
❷173cm/58kg ❸B型 ❹タイ
❺Bangkok

監督 廣瀬 龍

Ryu HIROSE

❶1956年4月19日生 ❹東京都

玉井 小春

Koharu TAMAI

FW 30

❶2006年3月24日生
❷160cm/56kg ❸B型 ❹千葉県
❺鹿島学園高☆

小澤 寛

Hiro OZAWA

FW 29

❶1998年5月18日生
❷165cm/58kg ❸O型 ❹神奈川県
❺ジェフユナイテッド市原·千葉レディース

宮本 華乃

Kano MIYAMOTO

FW 20

❶1999年9月14日生
❷160cm/52kg ❸A型 ❹熊本県
❺INAC神戸レオネッサ

スタッフ

望月 正孝
Masataka Mochizuki
チームドクター
❶1979年8月20日生
❹神奈川県

佐野 杏花
Kyoka SANO
主務
❶2001年3月15日生
❹愛知県

池ヶ谷 夏美
Natsumi IKEGAYA
GKアシスタントコーチ
❶1990年6月14日生
❹静岡県

諸町 光彦
Mitsuhiko MOROMACHI
GKコーチ
❶1992年4月9日生
❹東京都

丸山 和俊
Kazutoshi Maruyama
チームドクター
❶1969年3月4日生
❹長野県

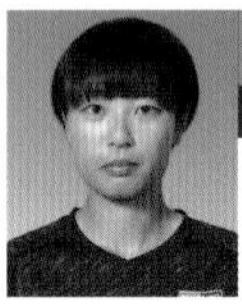

前田 ふらの
Furano MAEDA
強化担当
❶1998年5月25日生
❹新潟県

鈴木 浩紀
Hiroki SUZUKI
トレーナー
❶1999年1月25日生
❹東京都

大滝 彩美
Ayami OTAKI
コーチ
❶1991年10月15日生
❹東京都

淺野 有紀
Yuki Asano
チームドクター
❶1990年8月29日生
❹長野県

相澤 充
Mitsuru Aizawa
チームドクター
❶1970年4月11日生
❹神奈川県

荷川取 愛深
Aito NIKADORI
トレーナー
❶2001年4月12日生
❹沖縄県

中村 圭介
Keisuke NAKAMURA
フィジカルコーチ
❶1961年6月23日生
❹福岡県

AC長野パルセイロ・レディース

2023～24シーズン 戦績

(23.8～24.5)

WEリーグ順位表

順位	チーム	勝点	試合	勝	分	敗	得点	失点	得失
1	三菱重工浦和レッズレディース	57	22	18	3	1	55	17	38
2	INAC 神戸レオネッサ	49	22	15	4	3	39	12	27
3	日テレ・東京ヴェルディベレーザ	46	22	13	7	2	47	18	29
4	アルビレックス新潟レディース	41	22	13	2	7	26	18	8
5	サンフレッチェ広島レジーナ	31	22	9	4	9	26	25	1
6	ジェフユナイテッド市原・千葉レディース	25	22	6	7	9	18	23	-5
7	大宮アルディージャ VENTUS	25	22	7	4	11	17	32	-15
8	ちふれ AS エルフェン埼玉	23	22	7	2	13	20	29	-9
9	セレッソ大阪ヤンマーレディース	21	22	6	3	13	19	31	-12
10	マイナビ仙台レディース	21	22	5	6	11	22	40	-18
11	**AC長野パルセイロ・レディース**	**18**	**22**	**4**	**6**	**12**	**21**	**40**	**-19**
12	ノジマステラ神奈川相模原	13	22	3	4	15	16	41	-25

WEリーグ試合結果

節	年	月	日	HOME AWAY	結果（順位）	対戦相手
1	2023	11	12	A	○1－3（9）	日テレ東京V
2		11	18	H	●1－0（8）	サンフレッチェ広島
3		11	23	A	●1－0（5）	C大阪ヤンマー
4		11	26	H	▲0－0（5）	アルビレックス新潟
5		12	9	H	▲1－1（5）	INAC 神戸
6		12	24	A	○1－3（6）	三菱重工浦和
7		12	30	A	○0－1（9）	ちふれ埼玉
8	2024	3	3	H	●2－1（5）	ジェフ千葉
9		3	9	A	▲1－1（6）	マイナビ仙台
10		3	16	H	○1－2（7）	大宮アルディージャ
11		3	20	A	▲1－1（6）	ノジマ相模原
12		3	24	A	○0－3（8）	INAC 神戸
13		3	31	H	○3－5（10）	三菱重工浦和
14		4	14	A	○0－2（10）	ジェフ千葉
15		4	18	H	▲2－2（11）	マイナビ仙台
16		4	21	A	○1－4（11）	アルビレックス新潟
17		4	28	H	▲1－1（10）	ちふれ埼玉
18		5	3	A	○0－2（11）	サンフレッチェ広島
19		5	6	H	○0－3（11）	日テレ東京V
20		5	12	H	○1－2（11）	C大阪ヤンマー
21		5	19	A	●1－0（11）	大宮アルディージャ
22		5	25	H	○2－3（11）	ノジマ相模原

WEリーグカップ戦 順位表（1次リーグ B 組）

順位	チーム	勝点	試合	勝	分	敗	得点	失点	得失
1	アルビレックス新潟レディース	8	5	2	2	1	9	6	3
2	大宮アルディージャ VENTUS	8	5	2	2	1	6	4	2
3	ちふれ AS エルフェン埼玉	7	5	2	1	2	8	7	1
4	日テレ・東京ヴェルディベレーザ	7	5	2	1	2	8	12	-4
5	INAC 神戸レオネッサ	6	5	2	0	3	6	8	-2
6	**AC長野パルセイロ・レディース**	**5**	**5**	**1**	**2**	**2**	**6**	**6**	**0**

WEリーグカップ戦 試合結果（1次リーグ B 組）

節	年	月	日	HOME AWAY	結果（順位）	対戦相手
1	2023	8	26	A	○1－2	日テレ東京V
2		9	3	H	●3－1	INAC 神戸
3		9	9	A	▲2－2	アルビレックス新潟
4		9	17	H	▲0－0	ちふれ埼玉
5		10	1	A	○0－1	大宮アルディージャ

皇后杯全日本選手権5回戦

1	2023	12	17	○1－4	アルビレックス新潟

リーグ　B組第１節
/8/26 味の素フィールド西が丘（AWAY）
長野 1 - 2 日テレ 東京V
点0

攻め上がり、マークを引き付ける伊藤め（左から２人目）。新主将として臨んだ最初の公式戦で、後半アディショナルタイムに得点を挙げた

終了間際、直接ＦＫを決めた菊池（手前）。駆け寄った（左から）岡本、伊藤めと喜び合う

新体制の初戦は黒星 カップ戦開始

３シーズン目を迎えた女子サッカーWEリーグは2023年８月26日、リーグカップ戦で幕を開けた。１次リーグは12チームを２組に分けて１回戦総当たりで実施。AC長野は、アウェーの東京・味の素フィールド西が丘で日テレ東京Ｖを相手に、６月に就任した広瀬監督が指揮を執る初の公式戦に臨んだ。

INAC神戸から新加入の宮本が先発。前半25分のピンチはGK伊藤有の好セーブでしのいだが、同31分にワールドカップ（W杯）日本代表の植木に先制ゴールを許した。

後半は菊池らがゴールに迫ったものの得点を奪えず、同43分に植木に追加点を挙げられた。アディショナルタイムに伊藤めがゴール前のこぼれ球を押し込んだ。

いろんな部分鍛える

廣瀬監督（公式戦初采配）「技術的なところはまだまだだが、選手たちは精一杯頑張ってくれた。日テレ東京Ｖとはフィジカルや技術、そして判断力に差がある。（AC長野は）指示を受けて動いてる選手が多いので、いろんな部分で鍛えていく」

１次リーグ　Ｂ組第２節
2023/9/3 長野Uスタジアム（HOME）

長野 **3-1** INAC神戸

勝ち点３

ホーム初戦でＩＮＡＣに快勝

前半43分、川船（中央）が右足を振り抜き、チーム２点目のゴール

今季初のホーム戦でＩＮＡＣ神戸を３-１で下した。１勝１敗で勝ち点３。

第１節から先発２人を入れ替えたAC長野は前半13分、奥津のロングシュートで先制。同43分には左サイドの岡本からパスを受けた川船が追加点を挙げた。

後半はロングパスでDFの背後を狙われ、22分に失点。それでもGK伊藤有の好セーブなどで失点を防ぎ、ロスタイムに菊池が直接FKを決めて試合を締めくくった。

見えた新スタイル

ホーム初戦を白星で飾ろうと、AC長野イレブンはキックオフからフルスロットル。ワールドカップ（W杯）代表４選手が休養で不在だったとはいえ、プレス守備が機能したAC長野がＩＮＡＣ神戸を圧倒した。

先制は前半13分。奥津が右サイドで相手のクリアボールを収めた。距離はあったが、「ラインが上がっているはずだから打ってみよう」。GKの頭上を越してゴールネットを揺らした。43分は左サイドの岡本からゴール前の川船へピンポイントパスが通った。「決めるしかない」と川船が右足を豪快に振り抜き、点差を広げた。

廣瀬監督が「練習でも見たことがない」と驚いたゴール。いずれもプレスに耐えきれない神戸から奪ったボールを得点に結びつけた。ハイプレスの起点になった川船は、１-２で日テレ東京Ｖに敗れた初戦後、廣瀬監督から「犠牲心を持って走れるのか」と問われたという。主力としての自覚が脚を動かし、「やっぱり走れば結果はついてくる」と実感を込めた。

後半は押し込まれ、22分に失点した。それでも同点は阻止し、菊池が直接ＦＫを決めた瞬間に試合終了のホイッスルが響いた。「上位との技術の差をフィジカルで埋める」という新指揮官のスタイルが早くも垣間見えた。

見事に頑張ってくれた

廣瀬監督（ホーム初戦で白星）「見事に選手たちが頑張ってくれた。ワンボランチだった前節はその両脇のスペースを使われたので、今節はダブルボランチに挑戦した。バランスの良い組み合わせを今後も探っていく。このとてもいいスタジアムでまた結果を出せるように頑張りたい」

前半13分、奥津（左）が相手ＧＫの頭を越すロングシュートで先制点を決める

ふれ埼玉と0-0で引き分け、１勝２分け１敗
ち点５で３位。
C長野はGK風間ら５人が今季初先発した。前半
手に攻め込まれる場面が多かったものの、風間
心に無失点でしのいだ。後半は途中出場した菊
ペナルティーエリア近くのFKで得点を狙った
まらなかった。

戦力に積極性連係はこれから

C長野は11月開幕のリーグ戦に向け、「今まで出
ていなかった選手の技量が見たい」（廣瀬監督）
練習でも試したことのないラインアップで臨ん
風間らの奮闘で得点を与えなかったものの、連
未熟でゴールを奪うことができなかった。
手守備に囲まれ、放ったシュートのほとんどが
の正面。特に前半は中盤からのクロスやパスが
がらない場面も目立った。フル出場した上田は
に合わせて何度もピッチを駆け上がったが得点
ず、「決定機をつくれなかった」と悔やんだ。
季加入したタイ出身のタニガーン、ナッタワディ
もに後半途中から初めて出場。ナッタワディは
ートを試みるなど積極的なプレーを見せたのは
につながる材料だ。廣瀬監督は「コンビネーショ
つくっていけばいい戦力になりそう」と期待を込
。

くなかった

瀬監督「出場していなかった選手の技量を見て
ーグ戦につなげたいと思った。なかなかコンビ
ーションがうまくいかず、前半は予想よりも内容
悪かった。後半は入れ替えて多少なりとも普通の
ームができた。１点入ってくれたらチームにとっ
いい自信になると思っていたが、そんなに甘くな
った」

前半、相手のシュートを阻む GK風間

１次リーグ　B組第３節
2023/9/9 デンカビッグスワンスタジアム（AWAY）

長野 **2 - 2** 新潟

勝ち点４

先制のPKを決める上田

終盤に追いつきドロー

新潟と2-2で引き分け、１勝１分け１敗の勝ち点４で暫定2位。

AC長野は、上田が今季初先発するなど前節から先発３人を入れ替えた。前半は主導権を握り、31分に上田が自ら得たPKを決めた。

後半は６分にAC長野でプレー経験のある滝川のミドルシュートで追いつかれると、同40分にはCKから勝ち越し点を許した。同45分に途中出場の川船が右サイドを突破して同点ゴールを決めた。

粘って追いついた

廣瀬監督「1-2になってからも選手たちが諦めずに粘って戦い、追いついてくれた。（FWの）上田と川船が前線でボールキープできるようになった。成長を見せてくれているし、ゴールを決めた。それが収穫」

1次リーグ　B組第4節
2023/9/17 長野Uスタジアム（HOME）

長野 **0-0** ちふれ埼玉

勝ち点5

初先発5人 奮闘もゴール奪えず

後半、ゴールを狙って突破を図る上田(13)

1次リーグ　B組第5節
2023/10/2 NACK5スタジアム大宮（AWAY）

長野 **0-1** 大宮

勝ち点5

敗れてB組最下位に終わる

大宮に0-1で敗れ、通算1勝2分け2敗の勝ち点5でB組最下位に終わった。B組1位は勝ち点8の新潟。

AC長野はタイ代表のタニガーンが初先発するなど、前節から先発7人を入れ替えた。前半7分に右サイドを崩され、大宮の船木に先制ゴールを許した。後半は、途中出場の上田や鈴木を中心に9本のシュートを放ったが、ゴールを割れなかった。

現在地、確認できた

廣瀬監督「前後半とも、何回も決めるチャンスがあったが、決めきることができなかった。カップ戦を5試合戦い、WEリーグのレベルと自分たちの現在地を確認することができた。長野の特長をさらに発揮し、リーグ戦で良い結果を出せるように準備していく」

相手陣に攻め込む初先発のタニガーン

広島が初タイトル

WEリーグカップは10月14日、川崎市等々力陸上競技場で決勝が行われ、A組1位広島が初のタイトルを手にした。初優勝を懸けたB組1位新潟との一戦は互いにゴールが奪えず、延長を終えて0-0からのPK戦を4-2で制した。

前半から攻守がめまぐるしく入れ替わる展開となったが、ともに決定機までは持ち込めなかった。PK戦では広島が4人連続で決め、新潟は3人目と4人目が失敗して決着した。

AC NAGANO
PARCEIRO
Since1990
駆け上がれ、長野!!

WEリーグ 第1節 2023/11/12
味の素フィールド西が丘（AWAY）

長野 **1-3** 日テレ 東京V

勝ち点0

２季続けて黒星発進

東京・味の素フィールド西が丘で日テレ東京Ｖとのリーグ開幕戦に臨んだ AC 長野は、１-３で敗れ、２季連続で黒星発進となった。

前半 10分、AC長野はCKから東京Ｖに先制を許した。その後も中盤の争いで後手に回って防戦一方となったが、初先発のGK梅村を中心にゴールを守った。

後半途中からタニガーンや伊藤めを前線に投入。攻め込む場面が増えたが、24 分に再び失点。同30分に伊藤めのゴールで反撃したものの、終盤にも失点して突き放された。

前半10分、日テレ東京VにCKから先制点を許す

昨季３位チームと攻守で力の差

AC長野は、昨季３位の日テレ東京Ｖに攻守で力の差を示された。廣瀬新監督の下で準備した戦術も発揮できず、主将の伊藤めは「悔しいです」とうなだれた。

プレス守備が身上の AC長野は、今季開幕を告げるホイッスルが鳴った瞬間からボールを追った。しかし、東京Ｖのボール保持者に避けられ、防戦一方だった。

サイドに追い込む守りに変えた後半はボールを奪うシーンも増えたが、磨いてきたはずのビルドアップ（攻撃の組み立て）で呼吸が合わない。30分に伊藤めが意地の得点を挙げた一方、二つのゴールを許した。

ワールドカップ（W杯）日本代表の藤野らを擁する東京Ｖは巧みにボールをキープし、好機と判断すると前線に正確なパスを供給した。「個人のうまさが違う」と奥川。技術の差は戦術や判断力で埋めたいが、「やりたいことができない時の切り替えができない」と課題を痛感した。

悔しいスタートだが、タニガーンは「相手も強かったけど、自分たちが力を発揮できなかった」と初戦の難しさもあったという。次節はホーム開幕戦で、伊藤めは「きょうの課題を修正し、落ち着いて戦いたい」。慣れ親しんだ本拠地で本来のプレーを発揮し、今季の第一歩を踏み出せるか。

廣瀬監督「速いテンポのサッカーに圧倒された。後半からボールの奪いどころを変えて攻撃に転じる場面も増えたが、ダメ押しを決められてしまった。１戦目なので強気にトライしてほしかった。プロの選手として、自分からボールを呼び込む場面がもっとあっていい」

伊藤め（諏訪市出身。後半 14 分から出場し、30 分に得点）「自分が出たらボールを落ち着かせたいと思っていた。（得点は）ボールを奪った後の組み立ての中、みんなと共通理解を持って攻め込むことができた」

後半30分、伊藤めがシュートを決めて１点差に迫

後半40分、川船からのクロスに頭で合わせ、ゴールを決める伊藤め

磨いたパス回しで翻弄

期待を胸に駆けつけたサポーターたちの前で、磨いてきたパス回しでーグカップ優勝の広島を翻弄。決勝ゴールを挙げた主将の伊藤めは今シーズンのスタートを切れた。良かった」と表情を和らげた。

広島のハイプレスに対し、AC長野はGK梅村も交えてボールをつない。前半18分には宮本、同31分には川船がゴールに迫った。守備では右イドバックに入った岩下が広島のキーマンの中嶋を封じ込めた。

待ち望んだ瞬間は後半35分に訪れた。川船がボールを奪い、右サイドで前を向いた。173センチのタニガーンがニアサイドで相手２人を引きつけ、「(ファーサイドの)めぐさん(伊藤め)だけが見えました」と川船。ピンポイントのクロスに伊藤めが頭で合わせた。

新チーム始動後はビルドアップ(攻撃の組み立て)の構築に時間を割いてきた。１週間前の開幕戦はパスの呼吸が合わずに好機はわずか。しかし、指揮官に「とにかく前にボールを進めるんだ」と送り出されたこの日は、ミスがあっても前を向き続けた。目指すスタイルで優勝候補を下し、伊藤めは「やってきたことは間違いではない」と自信を深めていた。

WEリーグ 第2節 2023/11/18
長野 Uスタジアム（HOME）

長野 **1-0** 広島

勝ち点3

カップ戦V広島から今季初勝利

広島を1-0で下し、今季初勝利を挙げた。通算1勝1敗で勝ち点3。

開幕節から先発4人を入れ替えたAC長野は、出だしから主導権を握った。川船や宮本らのシュートで相手ゴールに迫ったものの、前半は無得点で終えた。

後半は立て続けにピンチを迎える時間帯もあったが、GK梅村を中心に無失点。35分にカウンターから川船の右クロスを伊藤めが頭で合わせ、決勝ゴールを奪った。

先制点を挙げた伊藤め（18）に鈴木、タニガーンが駆け寄る

シュートを狙う川船。後半、相手ボールを巧みに奪い、正確なクロスで伊藤めのゴールをアシスト

ドリブルで攻め込む宮本。再三、好機をつくった

廣瀬監督「（広島の）中嶋は力を持っている選手。1週間前から岩下と長江に研究させていた。中盤の選手もセカンドボールで負けじと戦ってくれた。カップ戦のチャンピオンに勝てたことは自信になったと思う。この勝ちを次につなげていきたい」

梅村（18日が23歳の誕生日）「本当に勝てて良かった。ビルドアップは自分のストロング（強み）。そこが安定すれば攻撃でたくさん良いシーンをつくれるので迷わずにつないだ」

リーグ 第3節 2023/11/23
ヨドコウ桜スタジアム(AWAY)

長野 1-0 C大阪ヤンマー

点6

終了間際の後半47分、ヘディングで自身リーグ戦初ゴールを決めた安倍(左)が仲間と喜び合う

安倍の初ゴール 劇的2連勝

今季からWEリーグに加わったC大阪ヤンマーとアウェーで戦い、1-0で勝ち、2連勝で2勝1敗とした。

前節から先発1人を入れ替えたAC長野は、開始直後から主導権を握り、川船や鈴木、岩下のシュートで相手ゴールに迫った。相手GKの好守にも阻まれ、決め手を欠いたまま試合が進んだが、大久保のクロスを頭で合わせた安倍のリーグ戦初ゴールで後半47分に勝ち越した。

安倍投入、当たった

廣瀬監督「前半は押し込みながら点が入らなかったので、後半に入る前にディフェンス陣には『イージーミスがないように』、攻撃陣には『チームのために懸命にやりなさい』と引き締めた。(決勝点は)ヘディングが強い安倍の投入が当たった」

無得点で3連勝ならず

新潟に0-0で引き分けた。連勝は2で止まり、通算2勝1分け1敗の勝ち点7。順位は5位のまま。

AC長野は前半17分に川船が負傷交代した。その後は新潟にボールを支配されたが、GK梅村のセーブなどで得点を許さなかった。後半開始から中盤に大久保と三谷を投入し、徐々に相手を押し返した。しかし、41分の鈴木のヘディングシュートはGKに阻まれ、こぼれ球からの岩下のシュートもゴールを捉えられなかった。

3戦連続の無失点、守備陣が奮闘

後半ロスタイムにタニガーンがネットを揺らしたが、オフサイド判定。均衡を破れず、AC長野は3連勝を逃した。ただ、廣瀬監督は「冷静にプレーしてくれた」。3戦連続無失点の守備陣の奮闘を評価した。

指揮官がそう語るのも納得だ。前半17分に川船が左脚を負傷し、ベンチに下がった。プレス守備の起点を失ったことでボールを奪えなくなり、防戦一方になった。

しかし、18分は橋谷がスライディングでシュートをブロック。前半終了間際のペナルティーエリア内の強烈なシュートは、GK梅村が「ボールが見えなかったけど、無意識に手が出た」とはじき出した。全員が体を張ってゴールを守り続けた。

開幕節は技術のある日テレ東京Vにボールを回され、試合中に意気消沈して1-3。この敗戦が守備陣を奮起させた。奥川は「自分たちがやることを全部やるんだという気持ちに変わった」。第2節以降は苦しい時間帯も声をかけ合い、集中力が保たれている。

10月のリーグカップ決勝でタイトルを争った広島と新潟を完封し、「自信が増している」と梅村。その自信を確かなものにするため、次節はWEリーグ初代女王のINAC神戸に挑む。

前半、相手のシュートを阻むGK梅村。3試合続けて無失点で守り抜く

勝ち点7は上出来

廣瀬監督「悪い時もディフェンス陣がしっかりプレーしてくれたのが収穫。落ち着いて守ってくれた。(負傷交代の川船は)骨には異常がないと思う。2週間後の試合に間に合えばいいが、ほかの選手のチャレンジにも期待したい。(開幕4試合で)勝ち点7は上出来」

前半、負傷の川船に代わって急きょピッチに入った安倍(右)。果敢に動き、ヘディングで相手ゴールに迫る

WEリーグ 第4節 2023/11/26
長野 Uスタジアム（HOME）

長野 0-0 新潟

勝ち点7

前半、自陣ゴール前のセットプレーで、飛び上がって新潟の攻撃を阻む菊池（14）ら

均衡を破ろうと攻め上がるも、新潟の守備に阻まれる伊藤め

強敵相手に先制 勝ち点は確保

３連勝中のINAC神戸をホームに迎え、1-1で引き分けた。通算２勝２分け１敗の暫定４位。

AC長野はタイ代表のタニガーンが初先発するなどスタメン４人を入れ替えた。前半33分、相手ゴール付近で稲村がボールを奪い、パスを受けたタニガーンが先制ゴールを決めた。

後半は元日本代表の高瀬らを投入した神戸に押し込まれ、25分にFKから日本代表の田中に得点を奪われた。それでもGK梅村の好セーブなどで勝ち越しは許さなかった。

前半33分、先制ゴールを決めたタニガーン

WEリーグ 第5節 2023/12/9
長野Uスタジアム（HOME）

長野 1-1 INAC神戸

勝ち点8

待望の初ゴールに、感極まるタニガーン（左から２人目）。駆け寄った（右から）大久保、菊池らに祝福される

猛攻INACに泥くさく対抗

８本だったAC長野の２倍以上の19本というシュート数が物語るように、主導権は完全にINAC神戸。開幕３連勝中の強豪との一戦を何とか引き分けに持ち込み、AC長野の廣瀬監督は「みんなが辛抱し、見事に勝ち点１を取ってくれた」と胸をなで下ろした。

再三のピンチを無失点でしのいでいると、前半33分に思わぬ形で好機が巡ってきた。開幕から無失点を続けてきた神戸のGKが、ペナルティーエリア内でまさかのパスミス。瞬時に稲村が奪い、ゴール前でパスを受けたタニガーンが冷静に流し込んだ。

後半も神戸に立て続けにゴールに迫られ、25分にFKから失点した。それでも、先発に定着したGK梅村が好セーブ連発で勝ち越しを阻止。けがで欠場した主将の伊藤めに代わってトップ下を務めた宮本は「出られない選手の分まで走った」と、昨季まで所属した古巣相手に果敢な突破を仕掛けた。

技術や身体能力で劣っていても、泥くさくボールに食らいつく「長野らしさ」で対抗した。一方で１対１では後手に回ることが多く、キャプテンマークを巻いた奥川は「目の前の相手に負けないようになりたい」。直近４戦負けなしで手応えと自信を深めた選手たちは貪欲に上を目指し始めている。

神戸のエース田中（左）と競り合う岩下

試合後、初ゴールを祝福するサポーターに笑顔で応えるタニガーン

厳しい時でも正確なプレーを

廣瀬監督「前節に川船、トレーニング中のアクシデントで主将の伊藤めが出場できなかった。運良く点が取れたが、やはりINAC神戸は個の能力が高く、（3－1で勝った）カップ戦の時とは数段違った。後半は裏に出る体力、パスの精度が落ちたのでトレーニングを重ねていく。厳しい時でも正確にプレーできる選手を目指す」

タニガーン（タイ代表。来日初ゴール）「チームの一員としてゴールを決められて大変うれしい。チームが勝つために、これからも一生懸命やります」

皇后杯 5回戦 2023/12/17
兵庫県立三木総合防災公園陸上競技場

長野（WEリーグ） 1-4 新潟（WEリーグ）

WEリーグ勢が登場し、皇后杯初戦となった５回戦で、新潟に1-4で逆転負けした。

AC長野は前半15分、右CKをタニガーンが頭で合わせて先制した。しかし、１分後に同点とされると、23分、30分と立て続けに失点。後半７分には元日本代表の川澄に頭で決められ、突き放された。シュート数はAC長野が２本、新潟が13本だった。

初戦で新潟に逆転負け

完敗、リーグ戦へ立て直す

廣瀬監督「中途半端な敗戦ではなく、完敗だった。やられる時はとことんやられた方が、反省をして、次に向けて良いスタートが切れると思っている。新潟にプレッシャーをかけられてポゼッション（ボール保持）ができなかった。そこを反省材料にし、リーグ戦に向けて立て直したい」

リーグ 第6節 2023/12/24
浦和駒場スタジアム(AWAY)

長野 **1-3** 三菱重工浦和

点8

前半21分、CKに頭で合わせて同点ゴールを決め、両手を広げて喜びを表す宮本

昨季女王に黒星 後半突き放され

昨季女王の三菱重工浦和に1-3で敗れ、3戦勝ちなしで通算2勝2分け2敗の勝ち点8。順位は6位に下がった。

AC長野は前半7分に日本代表の猶本に先制ゴールを奪われたが、21分にCKを宮本が頭で合わせて追いついた。しかし、後半28分に猶本に2点目を許し、9分後に清家にダメ押し点を取られた。

リーグ 第7節 2023/12/30
熊谷スポーツ文化公園陸上競技場(AWAY)

長野 **0-1** ちふれ埼玉

点8

ちふれ埼玉に0-1で敗れた。4戦勝ちなしで通算2勝2分け3敗の勝ち点8。順位は6位から暫定7位となった。

AC長野は前半41分、ちふれ埼玉の吉田に先制点を奪われた。後半開始から川船ら3選手を投入したものの、川船のシュート1本のみと好機をつくれなかった。

攻守、リズムが出ず

廣瀬監督「勝ち点3が欲しかった。残念なゲーム。攻守にわたってリズムが出なかった。ボール保持者と受け手の関係が全くかみ合っていなかった。(中断期間は)個のレベルを上げることがポイントになる」

かみ合わず 勝利遠く越年

後半８分、２点目のゴールを決めた鈴木（中央）。アシストの三谷（左）らと喜び合う

鈴木2発で5戦ぶり白星
中断期間明け初戦

ホームに迎えた千葉を2-1で下し、5試合ぶりに白星を挙げた。通算３勝２分け３敗の勝ち点11とし、順位を9位から５位に上げた。

約２カ月ぶりのリーグ戦。AC長野はGK伊藤有が今季初出場するなど、12月30日の第７節から先発７人を入れ替えた。

前半５分、左CKを安倍が頭で落とし、GKがはじいたボールをゴール前に詰めていた鈴木が蹴り込んだ。後半8分には、三谷の左クロスを再び鈴木が合わせた。千葉のサイド攻撃に押し込まれて１点を失ったものの、伊藤有を中心にリードを守り切った。

走り込み結実、足止めず逃げ切り

２連勝した後、４試合続けて勝利がなかったAC長野が中断期間明けの初戦で好発進。ホームのサポーターの前で、11月23日から遠ざかっていた白星をつかんだ。

３季目の鈴木が２得点と活躍した。前半５分、右CKをGKにはね返されると、鈴木は「ポジションを変えた方がいい」と判断。直後の左CKはゴール前で待ち構え、安倍のヘディングシュートのこぼれ球を左足で押し込んだ。後半８分には三谷の突破に反応してニアサイドに走り込み、追加点を挙げた。

同33分に１点を返され、千葉に何度もゴールに迫られた。「相手のペースだった」と廣瀬監督。それでも、中断期間を利用してタイで約２週間の合宿を敢行したチームは最後まで足が止まらなかった。気温30度を超える異国での努力が実を結び、ボランチで初先発した稲村は「暑い中の走り込みが生きた」と汗を拭った。

巻き返しに向け、指揮官が求める基準も上がる。前線の選手たちの顔ぶれは替わり、「普段から懸命な選手を選んだ」。殊勲の鈴木も直前にアピールして先発入りした。３月は水曜日を含めて６試合がある過密日程だが、一戦必勝で上昇カーブを描く。

WEリーグ 第8節 2024/3/3
長野Uスタジアム（HOME）

長野 2-1 千葉

勝ち点11

諏訪出身の伊藤有好セーブ連発

今季初出場した諏訪市出身のGK伊藤有が躍動した。果敢な飛び出しでピンチの芽を摘み、前半25分には強烈なシュートを横っ飛びでファインセーブ。リードを守り抜いた22歳は「仲間が前で体を張っていた。最後は自分が守ってやる―という気持ちだった」と胸を張った。

昨季は18試合に出場したが、梅村が台頭した今季は出番がなかった。中断期間中に「自分のストロング（強み）だけでなく、監督が求めていることにも目を向けた」と意識改革。「ここから上がっていく」と力を込めた。

今季リーグ初出場のGK伊藤有。ピンチに懸命のセーブを見せる

千葉のDF上野と競り合う安倍（右）

千葉の攻めに体を張って守る奥津

前半５分、左CKからのこぼれ球を蹴り込んで先制点を決めた鈴木（手前）。両手を掲げて会心の笑み

WEリーグ 第9節 2024/3/9
ユアテックスタジアム仙台（AWAY）

長野 1-1 マイナビ仙台

勝ち点12

後半44分、自ら得たPKで、今季の初得点を決める稲村

後半追いつきドロー

敵地でマイナビ仙台と引き分け、連勝はならなかった。3勝3分け3敗の勝ち点12で、順位は暫定5位。

AC長野は、千葉を2－1で下した前節と同じ先発で臨んだ。前半37分に中盤でパスを奪われてカウンターから失点したが、後半4分に右サイドの崩しから鈴木のクロスを伊藤めが頭で合わせて追いついた。その後は両チームとも決定機をつくれなかった。

早々に失点　崩れたプラン

守備がはまらず先制された前節の反省を受け、「試合の入りを大事にしていた」（伊藤め主将）はずだった。が、AC長野は開始わずか2分でほころんだ。大宮にカウンターから右サイドを楽々と突破され、スルーパスに抜け出した井上にCB陣が追いつけない。早々にプランが崩れ落ち、闘志もそがれた。

身上のプレス守備で攻勢に転じようとしたが、大宮は36歳の上辻を初起用するなど前線の顔ぶれを前節から変更。経験と技術のある選手がそろい、ボランチの稲村は「簡単に収めてくる相手ばかり。本当なら（ボールを）取りにいかなきゃいけないのに構えてしまった」。反撃の糸口をつかめず、後半8分の2失点目で大勢が決した。

3試合連続で同じ先発となり、途中投入の選手も固まってきた。今節に向けた練習で、廣瀬監督は「自分たちで判断しながらゴールに向かえるようになってきた」と手応えを語っていたが、手痛い1敗を喫した。伊藤めは「継続できなければ身についたとは言えない」と話し、リーグ戦再開後の初黒星を糧にすることを誓った。

いいボールきた

伊藤め主将「後半のような入りを前半からできていたらもっといい試合になった。（今季3点目は）サイドを攻略していいところに入るのが今週の狙い。いいボールがきたので、決められて良かった」

WEリーグ 第10節 2024/3/16
長野Uスタジアム（HOME）

長野 **1-2** 大宮

勝ち点12

大宮に痛い1敗

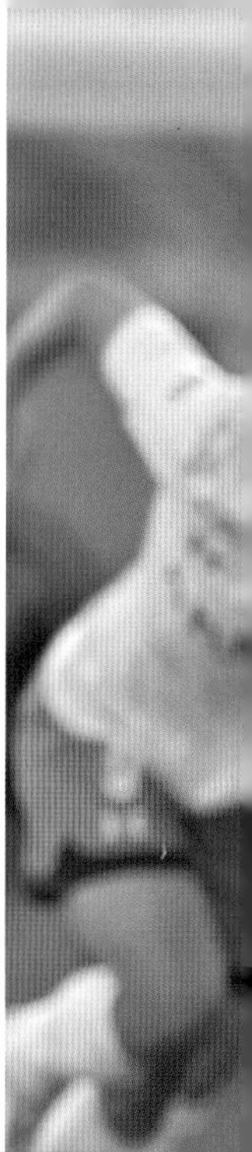

ホームで大宮に敗れた。通算３勝３分け４敗の勝ち点12。順位は６位から７位に後退した。

AC長野は前半２分にカウンターから失点。43分のピンチはバーに救われたものの、後半８分に中盤で起きたパスミスから大宮の井上に２点目となるロングシュートを決められた。

選手を入れ替えた終盤は攻め込む場面も増えたが、得点は44分の稲村のPKによる１点にとどまった。

後半、岡本のロングシュートのこぼれ球に安倍が飛び込むが、わずかに及ばず

びっくりした

廣瀬監督「（大宮は）予想していたより経験豊富な選手を起用してきた。びっくりした。パススピードは上がっていると思うが、精度が足りない。クロスも前の選手とタイミングが合っていなかった。次節は（負傷離脱中の）川船を使いたい」

らしさ出せた

稲村（上伊那郡宮田村出身のボランチ。自ら獲得したPKを決めて今季初得点）「前へ前へと意識を強めた結果。本来の攻撃的なポジションで『らしさ』を出せた。球際の強さも求めていきたい」

前半２分、大宮のカウンター攻撃で井上（左）に先制点を許す

後半、投入された菊池（中央）。２点差を追って、大宮のDF鮫島（右）らと競り合いながら攻める

WEリーグ 第12節 2024/3/24
ノエビアスタジアム神戸（AWAY）

長野 **0-3** INAC神戸

勝ち点13

好機つくれず首位に完敗

首位のINAC神戸に0-3で敗れ、通算３勝４分け５敗。勝ち点13のままで、順位は6位から8位に後退した。

AC長野は前半15分、左クロスから元日本代表の守屋に先制された。35分には左サイドを崩され、元日本代表の成宮に追加点を奪われた。

シュート２本だった前半に続き、後半も0本と好機をつくれず、終了間際の失点で突き放された。

WEリーグ 第11節 2024/3/20
相模原ギオンスタジアム（AWAY）

長野 **1-1** ノジマ相模原

勝ち点13

終盤の失点で勝利逃す

敵地でノジマ相模原と引き分けた。通算３勝４分け４敗の勝ち点13。順位を７位から６位に上げた。

ともに前節から中３日の日程。AC長野は、本来は中盤の福田と三谷をDFで先発起用。攻撃は４試合ぶりに出場した川船を中心にゴールに迫った。

前半45分に与えたPKが枠を外れると、後半29分に菊池のペナルティーエリア外からのシュートで先制に成功した。しかし44分、相模原にゴール前で細かなパスをつながれ追いつかれた。

勝ち点取れ良かった

廣瀬監督「ノジマ（相模原）さんのフィジカルの強さに手間取った。運良く菊池のミドルシュートが決まったので守り切りたかったが、試合は相手のペースだったし、PKも外してもらった。勝ち点が取れて良かった」

1点返した直後の前半11分、パスミスから浦和の塩越（右から２人目）に３点目を奪われ、肩を落とす菊池（中央・14）ら

首位浦和に5失点

前半、浦和の清家（右）らの厳しい寄せに攻めあぐねる稲村

首位の三菱重工浦和に前半だけで５点を奪われて敗れた。２連敗で通算３勝４分け６敗。勝ち点13のままで、順位を８位から10位に落とした。

前半２分にオウンゴールで先制され、４分後に２点目を許した。10分に伊藤め、18分に安倍がゴールを挙げたものの、いずれも１分後に失点。31分にもGK伊藤有のパスミスから５点目を奪われた。

長野は後半開始から福田ら３人を投入し、プレス守備の圧力を強化。29分に安倍が前線で競り勝ち、伊藤めが今季５点目となるミドルシュートを決めたが、反撃はそこまでだった。

ミス重ね掘った墓穴 上位と「プロ意識の差」

WEリーグ参入３季目で最多となる５失点を喫したAC長野。「自分たちで墓穴を掘った」と廣瀬監督が嘆いたように、決定的なミスを重ね続けた。

今節のテーマは、６試合連続得点中の清家がいる「三菱重工浦和の右サイドをいかに止めるか」。プレス守備で無理はせず、「逃げられたら落ちる（下がる）」（廣瀬監督）がルールだった。

しかし前半２分、中盤左の三谷らが敵陣の深い位置までプレスをかけ、がら空きのサイドへ展開される。DF陣の統率が取れないうちにスルーパスで清家に抜け出され、クロスを岩下が頭でクリアしようとしたボールが自陣ネットを揺らした。４分後にはカウンターから失点した。

10分、18分には１点差に迫る得点を挙げた。しかし、ボール処理を誤り、すぐさま点差が拡大。31分にはGK伊藤有の痛恨のパスミスで勝機が消えた。

浦和の楠瀬監督によると、浦和イレブンは「後半に１点も取れなかったことを反省していた」という。個の能力差もあるが、５失点のほとんどは防げたはず。伊藤め主将の「気持ちの部分。プロ意識の差」という言葉が響く黒星だった。

後半、浦和の厳しい守備にドリブルを阻まれる伊藤め

前半６分、浦和のFW島田（左）に２点目のゴールを許す

WEリーグ 第13節 2024/3/31
長野Uスタジアム（HOME）

長野 3-5 三菱重工浦和

勝ち点13

伊藤め（２得点）「前節はシュート数が２本。監督から『シュートしなければゴールは生まれない』と強く言われていた。（２点目は）安倍選手が競ってこぼれてきた。ボレーシュートは練習してきたので躊躇なくいけた」

WEリーグ 第14節 2024/4/14
フクダ電子アリーナ（AWAY）

長野 0-2 千葉

勝ち点13

前月ホームで勝った千葉に敗れた。３連敗となり、通算３勝４分け７敗。順位は10位のまま。

直近２試合で計８失点のAC長野は、長江が今季初先発し、GK梅村が７試合ぶりに出場。守備の立て直しを図ろうとしたが、前半22分にCKから失点。34分には自陣右サイドを崩され、ゴール前に入れられたクロスを押し込まれた。

後半は初出場の玉井らを投入したものの、主導権を奪い返せなかった。

守備立て直せず３連敗

後半42分から初めてリーグ戦のピッチに立ち、ボールを追う玉井

後半、ボールを送ろうと倒れ込みながら足を延ばす長江

前半、相手DFと競り合いながら攻め上がる稲村

マイナビ仙台と引き分けた。7戦未勝利となり通算3勝5分け7敗。勝ち点14で、順位は10位から11位に後退した。

AC長野は前半、ボールを持たれながらも前線からのプレスと粘り強い守備で決定機をつくらせず、0-0で折り返した。後半はサイドを起点にゴールに迫ると、20分に相手ファウルで得たPKを伊藤めが決めて先制。しかし、28分に右CKを直接決められ同点とされると、36分にはミドルシュートで逆転を許した。2分後に右クロスのこぼれ球を途中出場の鈴木が押し込んで追いついた。

追いついたが…決めきれず

AC長野は連敗していた直近の3試合で前半に失点し、主導権を奪われていた。この試合も序盤から仙台に攻め込まれる時間が長かったものの、「相手に積極的にアプローチしてくれた」と廣瀬監督。前線からのプレスや球際で体を張って無失点でしのぐと後半から攻勢に出た。

後半11分に奥津と鈴木を投入。攻撃のリズムをつくり、20分に鈴木がペナルティーエリア内で倒されて獲得したPKを伊藤めが決め先制した。

28分と36分の失点で逆転を許したが、「自分たちが出れば（活躍）できるという自信は持っていた」と鈴木。38分に奥津の右クロスのこぼれ球を「感覚で入っていった」と、ゴール前に詰めていた鈴木が押し込んだ。

ただ、その後も勝ち越しのチャンスをつくりながら決めきれず、指揮官は「クロスやシュートのスキルを上げる必要がある」と課題を挙げた。それでも、3連敗の悪い流れの中で勝ち点1を確保した。伊藤めは「勝ちにこだわってやっていく」と中2日で迎える次節を見据えた。

WEリーグ 第15節 2024/4/18
長野Uスタジアム（HOME）

長野 **2-2** マイナビ仙台

勝ち点14

後半20分、先制のPKを決める伊藤め

後半28分、相手のCKが直接入って追いつかれる

7戦連続未勝利 11位に後退

少しは良くなったと感じる

廣瀬監督「引き分けに終わったけれど、前のゲームに比べて積極的に自分たちから動いて、チームとして少しは良くなったと感じるゲームだった。後半はPKを取れたので、そのまま良いプレーが出てくれたらと思っていたがそう簡単にはいかなかった。ただ、よく追いついた」

WEリーグ 第16節 2024/4/21
新潟市陸上競技場（AWAY）

長野 **1-4** 新潟

勝ち点14

前半3失点で〝勝負あり〟

新潟に4点を奪われて敗れた。8試合未勝利で通算3勝5分け8敗。勝ち点14で、順位は11位。

AC長野は、前半3分に稲村が相手選手を倒して与えたPKを決められた。13分には相手クロスへの対処が乱れて2点目を許し、25分にはスルーパスでDFラインを突破された。後半7分に左CKのこぼれ球を奥川が押し込んだが、23分に新潟・道上のこの日2得点目で突き放された。

とにかく練習

廣瀬監督「前半で勝負ありというゲームになってしまった。ここのところ極端に早い時間で失点することが多い。選手が自信を喪失してしまっているように感じる。意気消沈して力を出せずに終わりたくない。とにかくトレーニングを重ねて、次の試合でトライできるようにしたい」

終盤追いつき勝ち点は確保

後半41分、川船（左から２人目）が鈴木からの左クロスを頭で合わせて同点ゴールを決める

初めて先発出場した知久（手前）。ドリブルで攻め上がる

後半、相手のシュートを止めるGK梅村。再三、好セーブでピンチをしのいだ

WEリーグ 第17節 2024/4/28
長野Uスタジアム(HOME)

長野 1-1 ちふれ埼玉

勝ち点15

ちふれ埼玉に1-1で引き分けた。9戦未勝利ながら勝ち点15とし、順位を11位から10位に上げた。通算3勝6分け8敗。

AC長野は大卒ルーキーの知久が初先発。前半は最終ラインからパスを回して好機を探り、積極的にシュートを狙ったが0-0で折り返した。圧力で上回られた後半は守備の時間が増え、26分にCKのこぼれ球を押し込まれて先制を許した。それでも、41分に鈴木の左クロスを途中出場の川船が頭で決めて同点に追いついた。

試合運び良くない

廣瀬監督「前半に失点する試合が続いていて、そこに注意しながら前から強気にプレスをかけていこうと送り出した。何度もCKを続けられてしまうなど、試合運びが良くなかった。先に失点してしまったけれど、見事なクロスを川船が決めてくれた」

「惜しかった」の先へ

知久(リーグ戦初先発)「前半は相手に競り勝てることも多く、無失点という目標をクリアできた。攻撃参加もできて、クロスも上げたけれど『惜しかった』で終わっている。前の選手とタイミングを合わせていきたい」

前半、ヘディングシュートを狙って相手GKらと競り合う安倍(右)

後半15分から出場の川船(右)。相手DFと競り合う

失点を警戒のあまり、淡泊なプレーに

前節まで5試合続けて複数失点していたAC長野。廣瀬監督は「スタートから失点に注意しよう」と呼びかけて選手を送り出したという。選手たちは指示通り、敵陣に大きく蹴ったり、スローインに逃れたりして失点のリスクを減らすプレーを貫いた。

ただ、失点を怖がるあまり、攻撃は淡泊なプレーに終始した。中盤でボールを奪った後、ドリブルやパスでゴール前に進入するのではなく、ミドルシュートを打つ選手が目立った。廣瀬監督からはシュート数を増やそうという呼びかけもあったが、ボランチ菊池は「ゴール前への仕掛けなど、もっとアグレッシブに狙えばよかった」と悔やんだ。

後半は圧力を強めた相手に主導権を握られ、26分にCKから失点。選手交代で盛り返し、途中出場の川船が「やることははっきりしていた」と41分に同点ゴールを決めたが、勝ち越すことはできなかった。

これで9戦未勝利となり勝ち星が遠い。菊池は「この負けや引き分けが続いている状況に慣れてはいけない」と厳しい表情で語った。

WEリーグ 第18節 2024/5/3
エディオンピースウイング広島(AWAY)

長野 0-2 広島

勝ち点15

4試合ぶりの無得点で広島に敗れた。10戦連続未勝利で、通算3勝6分け9敗の勝ち点15。順位を10位から11位に落とした。

AC長野は前半7分、自陣ゴール前で不用意なパスを奪われ、上野に先制を許した。33分にペナルティーエリア内でボールを奪った鈴木のシュートはバーの上に。後半26分の岡本のヘディングシュートもゴール右へそれた。31分、広島のカウンターから上野に再びゴールを許した。

敵地で完敗 不用意な守り

長野 **0-3** 日テレ東京V

点15

開幕戦で当たった日テレ東京Ｖに再び３点を奪われ、無得点で敗れた。11戦未勝利で通算３勝６分け10敗。順位は11位のまま。

AC長野は前半７分、岡本が放ったミドルシュートはクロスバーにはじかれた。次第に東京Ｖの巧みなパス回しについていけなくなり、41分に長いパスをゴール前に通されて失点した。

後半６分、シュートがクロスバーに当たったこぼれ球を頭で押し込まれた。その２分後には、自陣右からのクロスを土方に合わせられた。

「個の違い」格上にたたきのめされ

収穫なき敗戦　光明見えず

完膚なきまでにたたきのめされた。AC長野の廣瀬監督は「個の違いを見せつけられた」。２カ月以上にわたって白星から見放され、なかなか光明を見いだせない。

前半途中までは中央の守りを固め、「縦パスを消すということをみんなで共有できた」と岩下。だが、リーグを代表する選手は一瞬の隙を見逃してくれない。41分、日本代表の藤野にがら空きのゴール前へパスを通され、均衡を破られた。

もう少しで折り返しという時間帯の失点は、自信を失いかけているAC長野イレブンに重くのしかかり、足が止まった。後半の６分と８分に立て続けにゴールを許し、その後も一方的に攻め込まれた。

指揮官が「こういうことにトライしてみようと思えるものはなかった」と語る収穫なき敗戦。ここまで全試合フル出場の岡本は「常に押し込まれた状況になり、高い位置からプレスをかける本来のAC長野の良さが出ていない」。残り３試合、闘志の火を消さずに臨めるか。

後半、シュートを決められず悔しがる安倍

後半、左クロスに奥川（中央）が頭で合わせてゴールを狙う

WEリーグ　第20節　2024/5/12
長野 Uスタジアム（HOME）

長野 **1-2** C大阪ヤンマー

勝ち点15

半年前に敵地で勝ったC大阪ヤンマーにホームで敗れた。2連敗で通算3勝6分け11敗。12戦未勝利で順位は11位のまま。

AC長野は前節から先発3人を入れ替えたが、C大阪の巧みなパス回しにプレス守備が機能しなかった。39分、縦パスに抜け出した矢形に先制点を許した。

後半31分に三谷のアシストから途中出場の鈴木が決めて同点としたが、1分後に自陣右サイドのクロスを再び矢形に押し込まれた。

この日、2位のINAC神戸が千葉に敗れ、勝ち点46のまま。試合のなかった首位・三菱重工浦和が勝ち点53で、2試合を残して2年連続2度目の優勝を決めた。

前半、相手守備を振り切り、ドリブルで攻め込む川船（手前左

同点の喜び、つかの間…12戦未勝利

残り2試合　来季へ「全力で」

0－1で迎えた後半31分。AC長野の鈴木は、ゴールに背を向けたままボールを収めた。「いつもなら味方のサポートを待った」。この日は振り向きざまの左足シュートを選択。DFに当たって軌道が変わり、GKの反応が遅れた。

同点弾にイレブンとスタンドは歓喜に沸いた。だが、喜びもつかの間、直後にクロスから失点。ベンチ前の廣瀬監督も崩れ落ち、両手を地につけた。

3月3日の千葉戦を最後に白星から遠ざかっているが、選手は懸命だ。試合前の円陣は、普段は参加しないベンチ外の選手たちが盛り立てた。その仲間の姿が頭にあったという鈴木は「きょうは自分が決める」と好機でシュートをためらわなかった。

残り2試合。7位だった「昨季以上」という目標の達成は不可能となった。「失うものはない。C大阪のように、来季につながる結果を全力で取りにいく」と主将の伊藤め。下を向かずに最後まで走り抜く覚悟だ。

前半39分に先制点を許し、悔しい表情の（右から）福田、梅村ら

信州サッカーがもっと楽しくなる!
AC NAGANO PARCEIRO Since 1990
AC長野パルセイロの情報は
信濃毎日新聞
デジタルで!
試合前に!
試合の見どころをチェック!
試合後も!
分析記事や監督コメントをチェック!
無料
08 PARCEIRO
まずは会員登録!
登録するだけで月5本の
有料記事が読めます!
詳細・
お申し込みは
■ 購読料金
お申し込みの会員によりご利用できるサービスが異なります。詳しくは上記のお申し込みページ先をご覧ください。
ウェブ会員 月額・税込 330円
・無料会員よりも多くの有料記事が読めます
・有料記事の金鍵記事10本、銀鍵記事はすべて読めます
・スポーツ結果速報も見られます
併読会員(信濃毎日新聞を購読中の方) 新聞購読料 ＋《プラス》800円
全てのコンテンツがご覧いただけます。全ての機能がご利用いただけます。 月額・税込
単独会員(信濃毎日新聞デジタル単独でのご購読) 3,500円
全てのコンテンツがご覧いただけます。全ての機能がご利用いただけます。 月額・税込
詳細・お申し込みは
こちらから!
信濃毎日新聞社 shinmaidigital@shinmai.co.jp TEL026-236-3211 平日 10:00〜16:00

WEリーグ 第21節 2024/5/19
NACK5スタジアム大宮(AWAY)

長野 1-0 大宮

勝ち点18

伊藤め（久々の勝利に）「チームとして苦しい雰囲気と状況が長くあった。けが人も出ているタイミングで、自分たちを動かしているのは『誰かのために』という気持ち。そういう気持ちが技術というよりも体を動かしてくれることが証明された」

伊藤有（無失点で守り）「仲間に助けられた。今日は出場しているみんなが勝つことだけを考えていた。サポーターの皆さんもずっと応援してくれていた。みんなが一歩でも半歩でも足を伸ばしてくれたおかげで、無失点で終わることができたと思う」

主将のゴールで 13戦ぶり白星

３月にホームで敗れた大宮に敵地で競り勝った。第８節の千葉戦以来13試合ぶりの白星。通算４勝６分け11敗で、順位は11位のまま。

AC長野は前節から先発４人を入れ替えた。前半22分、GK伊藤有のゴールキックに反応した伊藤めがワントラップで相手DFをかわし、その流れからミドルシュートを決めて先制。後半は伊藤有が体を張った守備で得点を与えなかった。

今季７点目となる先制ゴールを決め、鈴木に肩を抱かれる伊藤め（中央

後半アディショナルタイム、CKの混戦から左足で同点弾を押し込む大久保（中央）

最終戦も隙 天仰ぐ11位

２点差を追いついた直後、痛恨の３点目を許し、天を仰ぐGK伊藤有（中央）ら肩を落とす選手たち

チームまとめられなかった

廣瀬監督「チームをまとめられなかったのは自分の責任。女子選手の指導は難しかった。（進退は）会社が決めること。継続できるなら頑張りたい」

WEリーグ 第22節 2024/5/25
長野Uスタジアム(HOME)

長野 2-3 ノジマ相模原

勝ち点18

最終節で最下位(12位)のノジマ相模原に2-3で敗れた。最終成績は通算4勝6分け12敗の勝ち点18で11位。2季連続7位だった順位を落とした。

AC長野は前半16分に自陣で奥川がボールを失い、カウンターから先制点を許した。後半、開始から投入された川船を中心に反撃を仕掛けたが、32分に再びカウンターから失点した。

41分、岡本のシュートがポストに当たったはね返りを稲村が押し込み、47分には左CKの混戦から大久保が同点弾を決めた。しかし、試合終了間際に与えたFKから決勝点を奪われた。

「らしさ」取り戻せぬまま

終了間際に与えたFK。最初のシュートは奥川が体を投げ出してはね返し、こぼれ球に反応した相手シュートもジャストミートせず、救われたかに思われた。が、ボールはGK伊藤有の脇をすり抜け、ネットが揺れるのと同時にシーズン終了を告げる笛が響いた。

今季を象徴する負け方だった。1、2失点目は、何度も見られたパスミスから。稲村、そして今季限りで退団する大久保の得点で流れを引き寄せたが、最終盤に隙が生じた。

絶対的な存在がいないだけに、連動性が生命線のはずだ。しかし、3月3日の千葉戦を最後に白星から遠ざかり、主将の伊藤めは「熱意に差が出てしまった」と振り返る。選手の視線がずれ、パスの息が合わない場面も目立ち始めた。

「個の成長」を訴えた廣瀬監督の下、今季7得点の諏訪市出身の伊藤めは「自分のゴールでチームを勝たせたいと思うようになった」と変化を語る。上伊那郡宮田村出身の稲村は「チームの先頭に立つ」、長野市出身の川船も「エースストライカーになりたい」と悔しさを味わう中で自覚を高める。チーム一丸で勝利を目指す「AC長野らしさ」を取り戻したい。

最終節に敗れ、無念さをにじませながら整列するイレブン

左サイドから果敢に攻め上がった岡本(右)。相模原のMF榊原と競り合う

岡本、再び全試合フル出場

4季目の岡本は最後までピッチを走り抜き、2季連続の全試合フル出場を遂げた。今季、攻撃参加に自信を深めた左サイドバックは後半15分、左サイドをドリブル突破してCKを獲得。41分には稲村の得点につながる鋭いシュートも放った。

体のケアに加え、「とにかく寝ています」と岡本。午後9時に就寝し、午前6時ごろに起床。試合や練習で全力を出せるようコンディションを整えてきた。

今季は周囲と意見を交わす姿も目立った。「チームのことが良く見えるようになり、いい雰囲気にするためにアプローチしてきた」。契約更新が決まり、来季も全身全霊で戦う覚悟だ。

後半、シュートを放つ伊藤め

2023 6

大久保ら24人、来季契約更新

25、26日、2022～23年シーズンの主将を務めたMF大久保舞(26)ら24選手の来季契約更新を発表した。FW滝沢莉央(26)とGK福田まい(25)は退団が決まった。

24日には、常葉橘高(静岡)から新加入したMF榊原琴乃(18)がノジマ相模原に、加入2年目だったMF太田萌咲(20)がマイナビ仙台にそれぞれ移籍することも発表した。

2023 7

廣瀬体制始動 初の全体練習に活気

5日、2023～24年シーズン最初の全体練習を長野市内で行った。今季から指揮する廣瀬龍監督(67)が見守る中、24選手は約2時間にわたって調整。活気のある練習を終え、新指揮官は「良いスタートが切れた」と満足そうに語った。

WEリーグ2季目だった昨季は、5勝6分け9敗の勝ち点21で7位。帝京高(東京)やカンボジア男子代表などの指導歴がある廣瀬監督は「やはり上に行くには個の力も必要。楽しさと

DF奥川は「たくさんの考えがある監督だと思うので、いろんなことを吸収したい」と意気込みを語った。

8～10月に行われるリーグカップで連係を深め、11月開幕のリーグ戦に臨む。廣瀬監督は選手の力量の見極めが最優先とし、「リーグカップは守備から戦うことになると思う。後ろからのつなぎを磨いていきたい」と強調。ゼネラルマネジャーだった元日本代表の本田圭佑とともにカンボジア代表に植え付けたビルドアップ(攻撃の組み立て)の構築に着手する考えを示した。

神戸FW宮本が加入

12日、INAC神戸からFW宮本華乃(23)の移籍加入を発表した。熊本県出身。2022～23年シーズンはマイナビ仙台からINAC神戸に移籍したものの、出場機会はなかった。

中野が左足骨折

18日、DF中野琴音(19)が左足の第五中足骨骨折で全治12週間と診断されたと発表した。7日の練習で負傷し、手術を受けた。

「胸に誇り」新ユニホーム発表

21日、2023～24年シーズンに着用するユニホームのデザインを発表した。ホーム戦用はクラブカラーのオレンジとネイビーが基調。胸のエンブレムは立体的なワッ

ズンを戦い抜く決意を示した。ダイヤ柄のグラデーションは「信州の美しい山並みと雲海」をイメージしたという。

市役所を訪問 シーズン開幕へ抱負

24日、廣瀬龍監督、長野市出身の川船暁海選手(19)、運営会社の今村俊明社長(61)が長野市役所を訪れ、8月26日からのシーズン開幕と、廣瀬監督の就任を荻原健司市長に伝えた。廣瀬監督は「少しでも良い成績を残し、長野市のサポーターを増やして盛り上げたい」と話した。

川船選手は「点を取って活躍する姿を地元の人に見てもらい、応援してもらえる選手になりたい」。廣瀬監督は取材に「ハードワークをして粘って守備をすることを考えながら、懸命に頑張れるチームづくりをする」とした。

タイ代表FWタニガーン加入が内定

26日、タイ代表のFWタニガーン・デーンダー(30)の加入が内定したと発表した。8月上旬にチームに合流予定で、背番号は10。

J1時代の清水などで活躍して「タイの英雄」

場で37得点を挙げている。
タニガーンはクラブを通じ、「日本でプレーすることは多くのサッカー選手の夢。チームのために活躍したい」とコメントした。

2023
8

タイ代表MFナッタワディ加入へ

8日、タイ代表のMFナッタワディ・プラムナーク(22)の加入内定を発表した。今月中旬にチームに合流予定で、背番号は25。
素早い寄せからのボール奪取能力を武器とし、タイの国内リーグで活躍。代表では13試合の出場で5点を挙げている。
ナッタワディはクラブを通じ、「日本のクラブでプレーすることは、私の一つの夢でした。ベストを尽くし、ハードワークすることを約束します」とコメントした。

3季目の躍進を善光寺で祈願

9日、選手とスタッフが長野市の善光寺で2

6月に就任以降、毎朝のウオーキングで善光寺を訪れている廣瀬監督。この日は「選手がけがをせず、良い結果を出せることをお祈りした」という。厳しい練習で体力強化を図っており、「技術で劣る分をフィジカルで補う。選手は楽しみながら走ってくれている」と手応えを語る。
新キャプテンに就任した諏訪市出身の伊藤めぐみ選手(21)は「リーグ戦に向け、改めて気持ちが高まった。昨年より良い結果を出したい」と意気込んだ。

リーグ開幕戦はアウェーで東京Vと

WEリーグは18日、2023～24年シーズンの第1節から第7節までの対戦カードを発表した。AC長野パルセイロの開幕戦は、11月12日にアウェーで日テレ東京Vと対戦。ホーム開幕戦は同18日で、長野Uスタジアムに広島を迎える。
3季目を迎えるWEリーグは、新たにC大阪が加わり、12クラブで争う。第8節以降の日程は今後発表する。

「常識を変えたい」新体制発表会

20日、長野市東部文化ホールで今季の新体制発表会を開いた。廣瀬龍監督や選手たちは、集まった約200人のサポーターにリーグ3季目の躍進を誓った。
入国が遅れているタイ代表のタニガーンとナッタワディを除く25選手が参加。今季から指揮を執る廣瀬監督は、女子ワールドカップ(W杯)での日本代表の戦いを踏まえ、「(AC長野は)個の力が足りていないので、ハードワークでカバーしたい」と強調。強度の高い練習を重ねており「パルセイロの常識を変えたい」と話した。
主将の伊藤めぐみ(諏訪市出身)は「サッカー選手としてやるべきことをやってチームの勝利に貢献する」。INAC神戸から加入した宮本は「相手の逆を取る動きが得意。FWなので点を取る」と力強く宣言した。

移籍のタイ代表2人が抱負

新加入したタイ代表のタニガーン・デーンダーとナッタワディ・プラムナークが28日、長野Uスタジアムで記者会見を開いた。初挑戦の日本で「もっとうまくなりたい」と成長を誓った2人は、9月中旬のWEリーグカップ出場を目指している。
ナッタワディはWEリーグのレベルに「強くて速い。基本的なことができている」と分析。タニガーンは「経験を積んで、母国に戻った時に教えられるようにしたい」と語った。FWのタニガーンはシュート力、MFのナッタワディはパス精度をアピール

した。

2人とも24日の練習から合流しており、「日本の方が暑い」とタニガーン。「タイの英雄」と呼ばれ、J1の広島や清水で活躍した兄のティーラシンから日本に適応するための助言をもらっているという。日本文化にも興味を示し、ナッタワディは「そばなどの日本料理が大好き。(下高井郡山ノ内町の)地獄谷野猿公苑に行ってみたい」と笑顔で語った。

タイ出身2選手「頑張りたい」　長野市長に加入を報告

タニガーン・デーンダー、ナッタワディ・プラムナーク両選手は28日、長野市役所に荻原健司市長を訪ね、チームへの移籍加入を報告した。2人は「頑張りたい」と意気込みを語った。

タイでは本名よりも愛称で呼び合うのが一般的で、タニガーンは「マイ」、ナッタワディは「エム」とチーム内で呼ばれているという。タニガーンは「長野市に来たのは初めてで、うれしい」。長野市の印象についてナッタワディは「優しい人たちが多い」と言い、日本語で「(日本はタイより)めちゃくちゃ暑い」と話した。

荻原市長は「選手としてチームに貢献し、日本、長野とタイの友好の架け橋になってほしい」と期待した。

2023 9

ホーム初戦で伝統の太鼓演奏

長野市の長野Uスタジアムで3日行われたAC長野パルセイロ・レディースのWEリーグ・カップ戦ホーム初戦で、岡谷市の岡谷太鼓保存会が演奏し、息の合ったばちさばきで試合を盛り上げた。

試合前の約10分で32人が2曲を披露。大小さまざまな太鼓の演奏や、伸びのある木やりでエールを送った。

AC長野には諏訪ゆかりの選手もおり、演奏した原山日出男さん(54)は「南信も一緒にチームを盛り上げたい」。久々に応援に来た長野市篠ノ井西中3年の近藤乃彩さん(14)は「一体感が高まりました」と太鼓の響きに感動した様子だった。

仲間の声頼りに　長野でブラインドサッカー体験会

長野市障害者スポーツ協会は24日、市内でブラインドサッカーの体験会を開いた。市民14人とAC長野パルセイロ・レディースの選手らが参加し、アイマスクをして音だけを頼りにボールを操るサッカーに戸惑いつつ、相手を思いやるコミュニケーションの大切さを実感していた。

県ブラインドサッカー協会の中沢医(おさむ)会長(55)が講師を務めた。アイマスクをした参加者は、声を出し合い同じ血液型の人とのグループをつくる体験をした後、仲間の声を頼りにドリブルやシュートに取り組んだ。シュートの際、ボールの位置がつかめず空振りする参加者も。中沢会長は「ガイドする時、つい左右を逆に言ってしまう。相手を考えて伝えよう」と助言した。

県長野盲学校(長野市)3年で弱視の有賀心勇(しゅう)君(8)は「周りの合図を意識する大切さを感じた」。AC長野レディースの長江伊吹選手(21)は「いつもと違う頭の使い方をした。思いやることの大切さが今日一番の学びになった」と話した。

紛争地のミャンマーへ選手のユニホーム　運営会社が寄贈

AC長野パルセイロの運営会社が28日、軍事クーデターが起きたミャンマーに古着を届ける活動をしている長野市の「アジア子ども交流支援センター」にユニホームなどを贈った。今村俊明社長がセンターを訪れ、代表理事の青木正彦さん(70)に渡した。

同社が贈ったのはAC長野パルセイロ・レディースの選手が着ていたユニホームや練習着など200着。今村さんは「スポーツを通じて平和を願う活動に協力したい」とあいさつ。青木さんは「ミャンマーはサッカーが盛ん。喜んでもらえる」と述べた。

センターは約20年にわたって現地の子どもに文房具を送ってきた。クーデター後、山村部では軍の攻撃から逃れるため住民が山奥に避難しているといい、古着を届けることを決めた。これまでに200人超から計1・5トンの古着が寄せられ、計約800キロを送った。

2023 10

リーグ開幕をPR　長野でポスター配る

でポスターを配った。選手、スタッフ総出で七つの商店街を回り、東京・味の素フィールド西が丘で11月12日にある開幕戦、長野Uスタジアムで11月18日に行うホーム開幕戦に向けて機運を高めた。

廣瀬龍監督や選手が数人ずつに分かれ、計約400店に選手らの写真、試合日程などが載ったポスターを手渡した。同市北石堂町の美容室「オレンジペコ」で受け取った同店相談役の井川誠さん(69)は「頑張ってね」とエール。「選手に来てもらえると本当にうれしい。応援の気持ちも強くなる」と語った。

廣瀬監督は「地元の期待の大きさを感じた」。奥川千沙選手(28)は「地域に支えられていることを改めて実感した。応援を力にし、精いっぱい戦い抜く」と気持ちを新たにした。

鹿島学園の玉井が加入へ

23日、鹿島学園高(茨城)3年のFW玉井小春(17)の加入内定を発表した。千葉県出身。クラブを通じ「一日でも早くチームに慣れ、勝利に貢献できるように頑張ります」とコメントした。

2023
11

選手と給食「いただきます」長野・篠ノ井東小

AC長野パルセイロのホームスタジアム・長野Uスタジアム近くにある長野市篠ノ井東小学校で6日、選手と4年生の児童が一緒に給食を

たちは、給食と子どもたちから力をもらった様子だった。

市南部の19小中学校ではこの日までに、AC長野を応援しようと、チームカラーのオレンジ色を多く使った特別献立を提供。オレンジ色の寒天を使ったヨーグルトやサッカーボール模様のニンジン入りスープ、勝利を願った「ソースとん勝つ」などが並んだ。

4年1組では、長江伊吹、奥川千沙両選手が児童と一緒に食事。選手がご飯をお代わりすると、児童は「早い」などと盛り上がった。村上健介君(10)は「楽しくて全部おいしかった。(チームを)応援したい」。奥川選手は「パワーをもらい、笑顔になれた。1試合1試合勝てるよう力を出していきたい」と話していた。

長野の紅葉を母国にPR タイ出身2選手

今季加入したタニガーン・デーンダー、ナッタワディ・プラムナーク両選手が15日、長野市

清水寺(せいすいじ)を訪れ、紅葉を楽しんだ。SNS(交流サイト)に投稿し、出身地タイの国民にPRする。

タイからの観光誘客に力を入れる「ながの観光コンベンションビューロー」が、ともにタイ代表を経験し、写真共有アプリ「インスタグラム」で計12万人余のフォロワーを持つ両選手に市内の観光PR協力を依頼。清水寺を案内すると、両選手は赤く色づくカエデを撮影したり紅葉を背景に写真を撮り合ったりした。

両選手は「とてもきれい」と話し、ナッタワディ選手は「投稿してどんなに美しいか(タイに向けて)紹介したい」。今後も市内の観光地などを投稿予定だ。

18日のホーム開幕戦を控え、2人は同寺の観音堂で必勝祈願。「戦う準備はできている。強い気持ちで頑張りたい」と意気込んだ。

2023
12

歌門GKコーチが契約満了

12日、歌門大輔GKコーチが24年1月末をもって契約期間満了となると発表した。アンジュヴィオレ広島、ASハリマのGKコーチなどを経て、22－23年シーズン途中から就いた。

高野瀬の加入内定

12日、神奈川大のDF高野瀬紫苑(22)の加入が内定したと発表した。北海道出身。

知久の加入内定

18日、日体大のDF知久奈菜穂(21)の加入が内定したと発表した。東京都出身。

坂元ヘッドコーチが退団

25日、坂元要介ヘッドコーチが退団すると発表した。なでしこリーグのASハリマを指揮した後、2022年1月にコーチに就任。22―23年シーズン初めにヘッドコーチに就いた。

松代福祉寮にゴールを贈呈

26日、長野市の児童養護施設松代福祉寮を伊藤めぐみ、小澤寛両選手が訪れ、ゴールをプレゼントした。

6月初めに交流事業で伊藤選手と福田まい選手が松代福祉寮、長野市里親会の人々と田植え（もち米づくり）に参加。その際、子どもたちからゴールが欲しいと話があったことがきっかけで、レディースチームで使わなくなったゴールを贈ることになった。

2024
1

レベル上げる 3月のリーグ再開へ再始動

22日、3月に再開するリーグ戦に向けて長野市の千曲川リバーフロントスポーツガーデンで再始動した。昨年末に第7節を終え、通算2勝2分け3敗の勝ち点8で12チーム中9位。残り15試合での巻き返しを目指し、筋力強化を中心に個々のレベルアップを図る。

第2節で広島、第3節はC大阪を下し、一時は5位につけた。しかし、その後は4戦未勝利で徐々に後退。GK梅村を軸とした守備は安定感があった一方、7試合で5得点という攻撃が課題になった。

廣瀬監督は序盤7試合を振り返り、相手の

えたと分析。「フィジカルコンタクトがあってもパスがぶれない肉体的な強さを養いたい」と語り、筋力トレーニングや走り込みで土台を再構築する方針だ。主将の伊藤めぐみは「ゴールまでのイメージが合っていなかった」と課題を挙げた。

初のタイ合宿へ

初めてタイで合宿を行うことを、廣瀬監督が22日明らかにした。今季、初の外国人選手として共にタイ代表のタニガーンとナッタワディが加入。長野とタイの友好関係を深めながら温暖な気候の地で練習を積み、中断期間明けのスタートダッシュを狙う。

廣瀬監督によると1月29日に出国し、2月9日に帰国する日程。タイ中部サムットプラカン県を拠点に活動する。現地の4チームと練習試合を組んでおり、相手に応じた対応力を課題に挙げている廣瀬監督は「国内とは違うカラーの試合で判断力を磨ける」と期待する。

急きょパスポートを取得した選手も。伊藤めぐみは「楽しみ。タイの2人からもいろいろと教わりたい」と異国の地を心待ちにしていた。

GKコーチに諸町氏、フィジカルコーチに中村氏

カルコーチとして中村圭介氏の加入を発表した。

諸町氏は東京都出身。愛媛FCレディースや聖カタリナ大学サッカー部コーチ、マイナビ仙台レディースGKコーチなどを務めた。

中村氏は福岡県出身。AC長野トップチームのフィジカルコーチ、京都サンガ育成統括フィジカルコーチなどを務めた。

2024
2

タイ合宿地で現地の子どもたちと交流、会議にも参加

4日、タイのキャンプ会場で、KITZタイランドのスタッフと共に、児童養護施設の子どもたちを招待し、サッカー交流を開いた。

タイの子どもたちに、サッカーは「世界へ繋がっている」と夢を抱いてもらうことを目的に開催。イベントでは、AC長野パルセイロ・レディースの選手と、KITZタイランドの従業員、子供たちが3人1組となり、タイ語や英語、日本語を駆使しながらコミュニケーションを図り、一緒に身体を動かした。

6日は、バンコク市内のホテルで女子サッカーの発展について議論するカンファレンスに、AC長野から三澤智松統括本部長、村山哲也スポーツダイレクターと、タニガーン、ナッタワ

協会女子委員長や関係者が出席し、タイ・日本の双方にとって、今後の女子サッカーの発展のために必要な議論が活発に行われた。

合宿中は、タイ女子代表U-17をはじめ4チームとトレーニングマッチを行った。

2024 3

橋谷が右膝負傷で全治6カ月

2日、DF橋谷優里(26)が右膝の半月板損傷で全治6カ月と診断されたと発表した。2月15日の練習で負傷し、手術を受ける予定。

2期連続赤字決算、運営会社

ACパルセイロ運営会社「長野パルセイロ・アスレチッククラブ」は7日、長野市内で第17期(2023年1～12月)の株主総会を開き、純損失が9813万円となる決算を承認した。赤字は2期連続。赤字額は新型コロナウイルスの影響を受けた2020年の第14期を上回り、株式会社化した07年以降で最大となったが、債務超過は回避した。

売上高は前期比2・4%減の7億4080万円で、広告料収入が5・6%減の4億5099万円だったことが響いた。昨季からJ3が20クラブになったことで、遠征費やホームゲームの運営費などが増えたことも赤字の要因となった。

今村俊明社長は取材に、赤字解消にはスポンサーの新規獲得などが必要としつつ、「集客を圧倒的に増やさなくてはいけない。クラブの魅力を届ける企画を増やして、クラブをより身近に感じてもらうことが大切」と話した。

2024 4

国際親善試合タイ女子代表にナッタワディ

1日、国際親善試合タイ女子代表メンバーに、

たと発表した。試合は6日と9日、ニュージーランドで同国女子代表と行う。

2024 5

DF久保田が左膝負傷

15日、DF久保田明未(24)が12日の第20節C大阪ヤンマー戦で左膝前十字靱帯を損傷し、全治8カ月と診断されたと発表した。今後手術を受ける予定。

大久保が今季限りで退団

18日、昨季の主将を務めたMF大久保舞(27)が今季限りで退団すると発表した。大久保は千葉などを経て、なでしこリーグ1部時代の2019年にAC長野に加入。5季目の今季は直近のリーグ戦第21節までで15試合に出場していた。

福田が今季限りで退団

24日、MF福田ゆい(26)の今季限りの退団を発表した。INAC神戸とマイナビ仙台でプレーし、昨季からAC長野に加わった。今季は直近までのリーグ戦15試合に出場。

Uスタに伸びやかな声、諏訪の木遣り

25日、長野Uスタジアムで行われたAC長野レディースのWEリーグ今季最終戦で、諏訪市木遣保存会の7人が木遣りでチームを応援した。保存会の創立50周年に合わせた取り組み。キックオフ前にピッチに立ち、伸びやかな声を響かせた。

「山の神様お願いだ～」「パルセイロ・レディースお願いだ～」。法被姿の会員たちは、この日のために用意した木遣りも含めて披露。これまで結婚式や施設の竣工式といった祝い事でも披露することはあったが、サッカーの試合は

いう。保存会事務局長の前橋かおりさん(52)は「観客席からの声援が大きく、うれしかった。応援する人たちの気持ちも一つになったと思う」。

奥津と鈴木が退団

25日、DF奥津礼菜(27)とMF鈴木日奈子(26)の退団を発表した。

奥津は千葉などを経て2021年にAC長野に加入。3季目の今季はリーグ戦19試合に出場した。鈴木は山梨学院大から21年に加入。3季目の今季はリーグ戦18試合に出場し、4得点を挙げた。

小澤と成田が退団

26日、FW小澤寛(26)とMF成田恵理(26)の退団を発表した。

ともにAC長野2年目。千葉を経て加入した小澤は今季リーグ戦9試合に出場。仙台を経て加入した成田は今季、出場機会がなかった。

上田が退団

28日、FW上田莉帆(23)の退団を発表した。昨季途中に山梨学院大から加入。今季はリーグ戦に3試合出場した。

期待を背に

シーズン新体制発表会で、詰め掛けたサポーターと記念撮影（2023年８月20日）

サポーターとともに

ありがとう

最終節の試合を終え、スタンドのサポーターと握手を交わす選手たち（2024年5月25日）

はね返せ！

第４節、ゴール前で新潟が猛攻。応援のボルテージも上がる（2023年11月26日）

最高の贈り物

勝利を飾った第8節の試合後、誕生日の長江がサポーターの祝福に応える（2024年3月3日）

2023-24 公式戦全記録

WEリーグカップ・WEリーグ・皇后杯

2023-24 WEリーグカップ／グループB
第 1 節▶味の素フィールド西が丘
away　8月26日(土) 18:00 kick off
入場者数／810人　天候／晴

日テレ・東京ベレーザ 2		1 前 0 1 後 1			AC長野パルセイロ・レディース 1
田中　桃子	1	GK	GK	1	伊藤有里彩
柏村　菜那	24	DF	DF	2	奥津　礼菜
村松　智子	3	DF	DF	22	奥川　千沙
松田　紫野	5	DF	DF	5	岩下　胡桃
船木　和夏	28	DF	DF	3	岡本　祐花
木下　桃香	10	MF	MF	8	福田　ゆい
宮川　麻都	6	MF	MF	18	伊藤めぐみ
藤野あおば	11	MF	MF	7	三谷沙也加
山本　柚月	19	MF	MF	23	久保田明未
土方　麻椰	15	FW	FW	20	宮本　華乃
植木　理子	9	FW	FW	11	川船　暁海
交代要員					
坂部　幸菜	22	DF	DF	24	橋谷　優里
木村　彩那	13	MF	MF	6	大久保　舞
岩﨑　心南	18	MF	MF	14	菊池まりあ
氏原里穂菜	23	FW	FW	29	小澤　寛
			FW	13	上田　莉帆

得点〔日〕植木(31、88)〔長〕伊藤め(90+2)
交代〔日〕松田(69 坂部) 宮川(69 岩﨑) 土方(77 氏原) 山本(90+1 木村)〔長〕久保田(46 菊池) 宮本(60 小澤) 福田(60 大久保) 川船(60 上田) 菊池(82 橋谷)

2023-24 WEリーグカップ／グループB
第 5 節▶NACK5スタジアム大宮
away　10月1日(日) 14:00 kick off
入場者数／1,134人　天候／曇

大宮アルディージャVENTUS 1		1 前 0 0 後 0			AC長野パルセイロ・レディース 0
望月ありさ	1	GK	GK	21	梅村　真央
有吉　佐織	6	DF	DF	2	奥津　礼菜
乗松　瑠華	5	DF	DF	5	岩下　胡桃
長嶋　洸	4	DF	DF	22	奥川　千沙
鮫島　彩	3	DF	DF	3	岡本　祐花
林　みのり	15	MF	MF	6	大久保　舞
阪口　萌乃	11	MF	MF	7	三谷沙也加
杉澤　海星	26	MF	MF	14	菊池まりあ
船木　里奈	19	MF	FW	11	川船　暁海
仲田　歩夢	13	MF	FW	10	タニガーン デーンダー
井上　綾香	9	FW	FW	20	宮本　華乃
交代要員					
西澤日菜乃	7	MF	MF	8	福田　ゆい
北川　愛莉	16	FW	MF	25	ナッタワディ プラムナーク
大島　暖菜	33	FW	MF	16	鈴木日奈子
			MF	23	久保田明未
			FW	13	上田　莉帆

得点〔大〕船木(07)
交代〔大〕船木(46 西澤) 仲田(58 大島) 阪口(75 北川)〔長〕タニガーン(46 上田) 宮本(46 久保田) 三谷(72 福田) 川船(72 鈴木) 大久保(84 ナッタワディ)
警告〔長〕上田

2023-24 WEリーグカップ／グループB
第 4 節▶長野Uスタジアム
home　9月17日(日) 18:00 kick off
入場者数／1,060人　天候／曇

AC長野パルセイロ・レディース 0		0 前 0 0 後 0			ちふれASエルフェン埼玉 0
風間　優華	31	GK	GK	1	浅野　菜摘
長江　伊吹	4	DF	DF	3	松久保明梨
橋谷　優里	24	DF	DF	20	岸　みのり
岩下　胡桃	5	DF	DF	24	大沼　歩加
岡本　祐花	3	DF	DF	19	金平　莉紗
福田　ゆい	8	MF	MF	4	橋沼　真帆
三谷沙也加	7	MF	MF	5	瀬戸口　梢
鈴木日奈子	16	MF	MF	7	大曽根由乃
安倍　乃花	19	FW	MF	8	園田　悠奈
上田　莉帆	13	FW	MF	10	吉田　莉胡
宮本　華乃	20	FW	FW	6	瀬野　有希
交代要員					
大久保　舞	6	MF			
ナッタワディ プラムナーク	25	MF			
菊池まりあ	14	MF			
川船　暁海	11	FW			
タニガーン デーンダー	10	FW			

交代〔長〕福田(46 大久保) 鈴木(46 菊池) 長江(65 ナッタワディ) 宮本(75 川船) 安倍(75 タニガーン)
警告〔埼〕岸

2023-24 WEリーグカップ／グループB
第 3 節▶デンカビッグスワンスタジアム
away　9月9日(土) 17:00 kick off
入場者数／1,618人　天候／曇

アルビレックス新潟レディース 2		0 前 1 2 後 1			AC長野パルセイロ・レディース 2
平尾　知佳	1	GK	GK	1	伊藤有里彩
白井ひめ乃	31	DF	DF	2	奥津　礼菜
三浦紗津紀	4	DF	DF	22	奥川　千沙
山谷　瑠香	20	DF	DF	5	岩下　胡桃
ブラフ シャーン	3	DF	DF	3	岡本　祐花
上尾野辺 めぐみ	10	MF	MF	8	福田　ゆい
石田　千尋	18	MF	MF	7	三谷沙也加
杉田　亜未	13	MF	MF	18	伊藤めぐみ
川澄奈穂美	19	FW	FW	29	小澤　寛
石淵　萌実	8	FW	FW	13	上田　莉帆
道上　彩花	11	FW	FW	20	宮本　華乃
交代要員					
白沢百合恵	32	DF	MF	14	菊池まりあ
柳澤　紗希	6	MF	MF	16	鈴木日奈子
園田　瑞貴	7	MF	MF	6	大久保　舞
滝川　結女	17	MF	FW	11	川船　暁海

得点〔新〕滝川(51) 山谷(85)〔長〕上田(31) 川船(90)
交代〔新〕白井(46 白沢) 杉田(46 滝川) 上尾野辺(78 柳澤) 川澄(78 園田)〔長〕小澤(67 川船) 福田(67 大久保) 伊藤め(81 鈴木) 宮本(81 菊池)

2023-24 WEリーグカップ／グループB
第 2 節▶長野Uスタジアム
home　9月3日(日) 18:00 kick off
入場者数／1,253人　天候／曇

AC長野パルセイロ・レディース 3		2 前 0 1 後 0			INAC神戸レオネッサ 1
伊藤有里彩	1	GK	GK	18	戸梶有野
奥津　礼菜	2	DF	DF	3	土光　真
奥川　千沙	22	DF	DF	4	竹重杏歌
岩下　胡桃	5	DF	DF	6	松原　優
岡本　祐花	3	DF	MF	19	林　愛
大久保　舞	6	MF	MF	16	天野
三谷沙也加	7	MF	MF	10	成宮
伊藤めぐみ	18	MF	MF	13	北川ひか
稲村　雪乃	28	MF	FW	23	桝井美和
川船　暁海	11	FW	FW	11	髙瀬　愛
宮本　華乃	20	FW	FW	24	愛川　陽
交代要員					
菊池まりあ	14	MF	MF	7	山本　摩
鈴木日奈子	16	MF	MF	8	増矢　理
上田　莉帆	13	FW	MF	17	箕輪　千
小澤　寛	29	FW	FW	20	桑原

得点〔長〕奥津(13) 川船(43) 菊池(90+5)〔
愛川 (67)
交代〔長〕稲村(68 鈴木) 宮本(68 小澤) 川船(
上田) 大久保(81 菊池)〔神〕髙瀬(46 増矢)
(46 山本) 成宮(76 桑原) 桝井(88 箕輪)
警告〔神〕桝井

第1節▶味の素フィールド西が丘
away 11月12日(日) 14:00 kick off
入場者数/1,138人 天候/曇

日テレ・東京ベレーザ				AC長野パルセイロ・レディース
3	1	前	0	1
	2	後	1	

田中 桃子	1	GK	GK	21	梅村 真央
柏村 菜那	24	DF	DF	2	奥津 礼菜
村松 智子	3	DF	DF	22	奥川 千沙
坂部 幸菜	22	DF	DF	5	岩下 胡桃
宮川 麻都	6	DF	DF	3	岡本 祐花
木下 桃香	10	MF	MF	6	大久保 舞
菅野 奏音	8	MF	MF	7	三谷沙也加
土方 麻椰	15	MF	MF	16	鈴木日奈子
北村菜々美	7	MF	MF	14	菊池まりあ
藤野あおば	11	FW	MF	28	稲村 雪乃
山本 柚月	19	FW	FW	11	川船 暁海
交代要員					
木﨑あおい	2	DF	MF	18	伊藤めぐみ
松田 紫野	5	DF	FW	19	安倍 乃花
船木 和夏	28	DF	FW	10	タニガーン デーンダー
木村 彩那	13	MF			
岩﨑 心南	18	MF			

得点〔日〕村松(10) 北村(69) 木下(84) 〔長〕伊藤め(75)
交代〔日〕土方(69 松田) 柏村(87 船木) 坂部(87 木﨑) 菅野(90+2 岩﨑) 山本(90+2 木村) 〔長〕稲村(59 タニガーン) 鈴木(59 伊藤め) 菊池(79 安倍)
警告〔長〕大久保

第2節▶長野Uスタジアム
home 11月18日(土) 14:00 kick off
入場者数/1,404人 天候/曇

AC長野パルセイロ・レディース				サンフレッチェ広島レジーナ
1	0	前	0	0
	1	後	0	

梅村 真央	21	GK	GK	1	木稲 瑠那
奥津 礼菜	2	DF	DF	2	近賀ゆかり
岩下 胡桃	5	DF	DF	3	呉屋絵理子
橋谷 優里	24	DF	DF	5	市瀬 千里
奥川 千沙	22	DF	DF	20	島袋奈美恵
岡本 祐花	3	DF	MF	17	大内 梨央
福田 ゆい	8	MF	MF	18	渡邊 真衣
菊池まりあ	14	MF	MF	9	上野 真実
伊藤めぐみ	18	MF	MF	26	立花 葉
川船 暁海	11	FW	MF	11	中嶋 淑乃
宮本 華乃	20	FW	FW	13	髙橋美夕紀
交代要員					
長江 伊吹	4	DF	DF	15	藤生 菜摘
鈴木日奈子	16	MF	DF	27	森 宙舞
タニガーン デーンダー	10	FW	MF	14	松本茉奈加
			FW	19	吉野 真央

得点〔長〕伊藤め(80)
交代〔長〕奥津(67 鈴木) 岩下(72 長江) 宮本(79 タニガーン) 〔広〕立花(57 松本) 近賀(57 藤生) 大内(70 吉野) 上野(84 森)

第3節▶ヨドコウ桜スタジアム
away 11月23日(木・祝) 14:00 kick off
入場者数/3,032人 天候/晴

セレッソ大阪ヤンマーレディース				AC長野パルセイロ・レディース
0	0	前	0	1
	0	後	1	

山下 莉奈	21	GK	GK	21	梅村 真央
筒井 梨香	4	DF	DF	5	岩下 胡桃
中谷 莉奈	17	DF	DF	24	橋谷 優里
白垣 うの	22	DF	DF	22	奥川 千沙
浅山 茉緩	23	DF	DF	3	岡本 祐花
田中 智子	8	MF	MF	8	福田 ゆい
小山史乃観	10	MF	MF	16	鈴木日奈子
脇阪 麗奈	28	MF	MF	14	菊池まりあ
矢形 海優	11	FW	MF	18	伊藤めぐみ
百濃実結香	13	FW	FW	20	宮本 華乃
栗本 悠加	36	FW	FW	11	川船 暁海
交代要員					
米田 博美	3	DF	DF	2	奥津 礼菜
前川 美紀	5	MF	MF	6	大久保 舞
宮本 光梨	18	MF	MF	7	三谷沙也加
玉櫻ことの	20	FW	FW	10	タニガーン デーンダー
			FW	19	安倍 乃花

得点〔長〕安倍(90+2)
交代〔大〕中谷(46 前川) 浅山(46 米田) 栗本(65 宮本) 百濃(87 玉櫻) 〔長〕鈴木(60 奥津) 宮本(60 三谷) 川船(71 タニガーン) 菊池(71 大久保) 橋谷(74 安倍)
警告〔大〕田中 〔長〕大久保、岩下

4節▶長野Uスタジアム
ome 11月26日(日) 17:00 kick off
場者数/909人 天候/晴

C長野パルセイロ・レディース				アルビレックス新潟レディース
0	0	前	0	0
	0	後	0	

村 真央	21	GK	GK	1	平尾 知佳
津 礼菜	2	DF	DF	32	白沢百合恵
下 胡桃	5	DF	DF	2	浦川 璃子
谷 優里	24	DF	DF	20	山谷 瑠香
川 千沙	22	DF	DF	7	園田 瑞貴
本 祐花	3	DF	MF	18	石田 千尋
田 ゆい	8	MF	MF	10	上尾野辺 めぐみ
池まりあ	14	MF	MF	13	杉田 亜未
藤めぐみ	18	MF	FW	19	川澄奈穂美
船 暁海	11	FW	FW	17	滝川 結女
本 華乃	20	FW	FW	8	石淵 萌実
交代要員					
久保 舞	6	MF	MF	5	川村 優理
谷沙也加	7	MF	MF	6	柳澤 紗希
木日奈子	16	MF	FW	23	山本 結菜
ガーン デーンダー	10	FW	FW	33	田中 聖愛
倍 乃花	19	FW			

代〔長〕川船(17 安倍) 菊池(46 大久保) 宮本
6 三谷) 奥津(74 鈴木) 安倍(90 タニガーン)
〕石田(62 川村) 杉田(62 山本) 滝川(72 田
) 上尾野辺(89 柳澤)

第5節▶長野Uスタジアム
home 12月9日(土) 14:00 kick off
入場者数/1,240人 天候/晴

AC長野パルセイロ・レディース				INAC神戸レオネッサ
1	1	前	0	1
	0	後	1	

梅村 真央	21	GK	GK	21	船田 麻友
奥津 礼菜	2	DF	DF	2	守屋 都弥
岩下 胡桃	5	DF	DF	3	土光 真代
奥川 千沙	22	DF	DF	5	三宅 史織
岡本 祐花	3	DF	DF	4	竹重杏歌理
大久保 舞	6	MF	MF	8	増矢 理花
菊池まりあ	14	MF	MF	6	松原 優菜
鈴木日奈子	16	MF	MF	7	山本 摩也
稲村 雪乃	28	MF	MF	10	成宮 唯
宮本 華乃	20	FW	MF	13	北川ひかる
タニガーン デーンダー	10	FW	FW	9	田中 美南
交代要員					
久保田明未	23	MF	MF	16	天野 紗
三谷沙也加	7	MF	MF	19	林 愛花
ナッタワディ プラムナーク	25	MF	FW	11	髙瀬 愛実
安倍 乃花	19	FW	FW	24	愛川 陽菜
小澤 寛	29	FW			

得点〔長〕タニガーン(33) 〔神〕田中(70)
交代〔長〕稲村(46 久保田) 菊池(65 三谷) 鈴木(65 小澤) タニガーン(65 安倍) 久保田(90 ナッタワディ) 〔神〕増矢(46 髙瀬) 松原(61 天野) 三宅(68 愛川) 山本(82 林)
警告〔長〕宮本

第6節▶浦和駒場スタジアム
away 12月24日(日) 14:00 kick off
入場者数/2,235人 天候/晴

三菱重工浦和レッズレディース				AC長野パルセイロ・レディース
3	1	前	1	1
	2	後	0	

池田咲紀子	1	GK	GK	21	梅村 真央
遠藤 優	17	DF	DF	5	岩下 胡桃
安藤 梢	10	DF	DF	24	橋谷 優里
長嶋 玲奈	13	DF	DF	22	奥川 千沙
水谷 有希	16	DF	DF	3	岡本 祐花
塩越 柚歩	19	MF	MF	8	福田 ゆい
柴田 華絵	18	MF	MF	20	宮本 華乃
清家 貴子	11	MF	MF	14	菊池まりあ
猶本 光	8	MF	MF	16	鈴木日奈子
伊藤 美紀	5	MF	MF	7	三谷沙也加
島田 芽依	15	FW	FW	10	タニガーン デーンダー
交代要員					
西村 紀音	28	DF	MF	6	大久保 舞
佐々木 繭	4	MF	MF	25	ナッタワディ プラムナーク
角田 楓佳	14	MF	FW	13	上田 莉帆
丹野凜々香	26	MF	FW	19	安倍 乃花
			FW	29	小澤 寛

得点〔浦〕猶本(7、73) 清家(82) 〔長〕宮本(21)
交代〔浦〕島田(68 角田) 伊藤(83 佐々木) 水谷(88 西村) 清家(88 丹野) 〔長〕菊池(46 大久保) 鈴木(46 小澤) 三谷(70 安倍) 宮本(78 ナッタワディ) タニガーン(86 上田)
警告〔長〕奥川

第7節▶熊谷スポーツ文化公園陸上競技場
away 12月30日(土) 14:00 kick off
入場者数/1,122人 天候/晴

ちふれASエルフェン埼玉				AC長野パルセイロ・レディース
1	1	前	0	0
	0	後	0	

浅野 菜摘	1	GK	GK	21	梅村 真央
岸 みのり	20	DF	DF	5	岩下 胡桃
木下 栞	2	DF	DF	24	橋谷 優里
大沼 歩加	24	DF	DF	22	奥川 千沙
金平 莉紗	19	DF	DF	3	岡本 祐花
佐久間未稀	13	MF	MF	8	福田 ゆい
瀬戸口 梢	5	MF	MF	14	菊池まりあ
唐橋 万結	17	MF	MF	16	鈴木日奈子
園田 悠奈	8	FW	FW	29	小澤 寛
瀬野 有希	6	FW	FW	10	タニガーン デーンダー
吉田 莉胡	10	FW	FW	20	宮本 華乃
交代要員					
髙橋 雛	18	FW	DF	2	奥津 礼菜
			MF	6	大久保 舞
			MF	7	三谷沙也加
			MF	18	伊藤めぐみ
			FW	11	川船 暁海

得点〔埼〕吉田(41)
交代〔埼〕園田(90+1 髙橋) 〔長〕福田(46 大久保) 菊池(46 伊藤め) 小澤(46 川船) 宮本(64 三谷) 岩下(74 奥津)

8節▶長野Uスタジアム
ome 3月3日(日) 14:00 kick off
場者数/953人 天候/曇

C長野パルセイロ・レディース				ジェフユナイテッド千葉レディース
2	1	前	0	1
	1	後	1	

藤有里彩	1	GK	GK	1	清水 栞
津 礼菜	2	DF	DF	5	田中真理子
川 千沙	22	DF	DF	6	蓮輪 真琴
下 胡桃	5	DF	DF	4	林 香奈絵
本 祐花	3	DF	DF	19	上野 紗稀
村 雪乃	28	MF	MF	14	大熊 環
久保 舞	6	MF	MF	8	岸川奈津希
藤めぐみ	18	MF	MF	10	鴨川 実歩
木日奈子	16	MF	FW	24	城和 怜奈
谷沙也加	7	MF	FW	9	大澤 春花
倍 乃花	19	FW	FW	17	山口 千尋
交代要員					
田 ゆい	8	MF	DF	2	藤代 真帆
池まりあ	14	MF	DF	3	石田菜々海
澤 寛	29	FW	MF	7	小川 由姫
			MF	23	小林ひなた
			FW	16	今田 紗良

点〔長〕鈴木(05、53) 〔千〕大澤(78)
代〔長〕鈴木(65 小澤) 大久保(81 菊池) 三谷
6 福田) 〔千〕林(36 石田) 鴨川(63 小林) 城
(63 小川) 上野(73 藤代) 山口(73 今田)

第11節▶相模原ギオンスタジアム
away　3月20日(水・祝)　13:00 kick off
入場者数／621人　天候／曇一時晴

ノジマステラ相模原				AC長野パルセイロ・レディース
1	0	前	0	1
	1	後	1	

池尻　凪沙	16	GK	GK	1	伊藤有里彩
嶋田　華	32	DF	DF	7	三谷沙也加
大賀理紗子	5	DF	DF	5	岩下　胡桃
小野　奈菜	20	DF	DF	8	福田　ゆい
南里　杏	28	MF	DF	3	岡本　祐花
平田ひかり	7	MF	MF	14	菊池まりあ
川島はるな	17	MF	MF	28	稲村　雪乃
平野　優花	2	MF	MF	18	伊藤めぐみ
大竹　麻友	30	FW	FW	11	川船　暁海
南野亜里沙	9	FW	FW	16	鈴木日奈子
榊原　琴乃	18	FW	FW	19	安倍　乃花
交代要員					
伊東　珠梨	4	DF	DF	22	奥川　千沙
下山　莉子	6	MF	MF	6	大久保　舞
浜田　芽来	11	FW	FW	10	タニガーン デーンダー
笹井　一愛	19	FW	FW	13	上田　莉帆
片山　由菜	29	FW			

得点〔相〕片山(89)　〔長〕菊池(74)
交代〔相〕南里(46 浜田) 南野(61 笹井) 川島(64 伊東) 榊原(64 片山) 平田(81 下山) 〔長〕鈴木(57 上田) 福田(59 奥川) 三谷(79 大久保) 安倍(79 タニガーン)

第10節▶長野Uスタジアム
home　3月16日(土)　14:00 kick off
入場者数／890人　天候／晴

AC長野パルセイロ・レディース				大宮アルディージャ VENTUS
1	0	前	1	2
	1	後	1	

伊藤有里彩	1	GK	GK	1	望月ありさ
奥津　礼菜	2	DF	DF	6	有吉　佐織
奥川　千沙	22	DF	DF	5	乗松　瑠華
岩下　胡桃	5	DF	DF	4	長嶋　洸
岡本　祐花	3	DF	DF	3	鮫島　彩
稲村　雪乃	28	MF	MF	15	林　みのり
大久保　舞	6	MF	MF	18	田嶋みのり
伊藤めぐみ	18	MF	MF	13	仲田　歩夢
鈴木日奈子	16	MF	MF	8	上辻　佑実
三谷沙也加	7	MF	MF	19	船木　里奈
安倍　乃花	19	FW	FW	9	井上　綾香
交代要員					
福田　ゆい	8	MF	DF	26	杉澤　海星
菊池まりあ	14	MF	MF	20	甲斐　碧海
小澤　寛	29	FW	FW	29	平井　杏幸
宮本　華乃	20	FW			
タニガーン デーンダー	10	FW			

得点〔大〕井上(02、53)　〔長〕稲村(89)
交代〔長〕鈴木(57 小澤) 三谷(57 宮本) 大久保(66 福田) 奥津(76 菊池) 安倍(76 タニガーン) 〔大〕上辻(46 甲斐) 仲田(79 杉澤) 船木(85 平井)

第9節▶ユアテックスタジアム仙台
away　3月9日(土)　13:00 kick off
入場者数／1,728人　天候／晴のち曇

マイナビ仙台レディース				AC長野パルセイロ・レディース
1	1	前	0	1
	0	後	1	

松本真未子	16	GK	GK	1	伊藤有里
田畑　晴菜	27	DF	DF	2	奥津　礼
國武　愛美	5	DF	DF	22	奥川　千
オケケ	3	DF	DF	5	岩下　胡
高平　美憂	4	DF	DF	3	岡本　祐
太田　萌咲	25	MF	MF	28	稲村　雪
隅田　凜	7	MF	MF	6	大久保
石坂　咲樹	37	MF	MF	16	鈴木日奈
中島　依美	10	MF	MF	18	伊藤めぐ
カーラ バウティスタ	18	MF	MF	7	三谷沙也
廣澤　真穂	20	FW	FW	19	安倍　乃
交代要員					
松永未衣奈	28	DF	MF	14	菊池まり
遠藤　ゆめ	24	MF	FW	29	小澤
西野　朱音	26	MF			
佐々木美和	30	MF			
後藤　三知	11	FW			

得点〔仙〕廣澤(37)　〔長〕伊藤め(49)
交代〔仙〕カーラ(46 遠藤) 隅田(62 西野) 石(62 佐々木) オケケ(74 松永) 廣澤(74 後 〔長〕鈴木(74 小澤) 三谷(87 菊池)
警告〔仙〕西野、佐々木

第15節▶長野Uスタジアム
home　4月18日(木)　19:00 kick off
入場者数／653人　天候／曇

AC長野パルセイロ・レディース				マイナビ仙台レディース
2	0	前	0	2
	2	後	2	

梅村　真央	21	GK	GK	16	松本真未子
長江　伊吹	4	DF	DF	22	吉岡　心
奥川　千沙	22	DF	DF	5	國武　愛美
岩下　胡桃	5	DF	DF	27	田畑　晴菜
岡本　祐花	3	DF	DF	4	高平　美憂
稲村　雪乃	28	MF	MF	25	太田　萌咲
菊池まりあ	14	MF	MF	7	隅田　凜
伊藤めぐみ	18	MF	MF	10	中島　依美
宮本　華乃	20	MF	FW	13	武田菜々子
川船　暁海	11	FW	FW	20	廣澤　真穂
安倍　乃花	19	FW	FW	24	遠藤　ゆめ
交代要員					
奥津　礼菜	2	DF	DF	17	佐々木里緒
三谷沙也加	7	MF	MF	26	西野　朱音
鈴木日奈子	16	MF	MF	37	石坂　咲樹
タニガーン デーンダー	10	FW			

得点〔長〕伊藤め(65)　鈴木(83)　〔仙〕中島(73) 太田(81)
交代〔長〕長江(56　奥津)川船(56　鈴木)稲村(66　三谷)宮本(78　タニガーン)〔仙〕武田(66　石坂)遠藤(66　佐々木)隅田(90　西野)
警告〔仙〕田畑

第14節▶フクダ電子アリーナ
away　4月14日(日)　13:00 kick off
入場者数／688人　天候／晴

ジェフユナイテッド千葉レディース				AC長野パルセイロ・レディース
2	2	前	0	0
	0	後	0	

大熊　茜	30	GK	GK	21	梅村　真央
田中真理子	5	DF	DF	4	長江　伊吹
蓮輪　真琴	6	DF	DF	22	奥川　千沙
大熊　環	14	DF	DF	3	岡本　祐花
藤代　真帆	2	DF	DF	7	三谷沙也加
鴨川　実歩	10	MF	MF	14	菊池まりあ
岸川奈津希	8	MF	MF	28	稲村　雪乃
北村　美羽	20	MF	MF	18	伊藤めぐみ
城和　怜奈	24	FW	MF	20	宮本　華乃
大澤　春花	9	FW	FW	11	川船　暁海
山口　千尋	17	FW	FW	19	安倍　乃花
交代要員					
上野　紗稀	19	DF	DF	5	岩下　胡桃
ビアン サンプソン	21	DF	MF	6	大久保　舞
小林ひなた	23	MF	MF	8	福田　ゆい
小川　由姫	7	FW	FW	29	小澤　寛
増田　咲良	25	FW	FW	30	玉井　小春

得点〔千〕大澤(22)城和(34)
交代〔千〕山口(61 小川) 城和(76 増田) 藤代(90 上野) 北村(90 ビアン) 大澤(90 小林) 〔長〕三谷(46 岩下) 宮本(63 福田) 安倍(63 小澤)菊池(83 大久保) 川船(87 玉井)

第13節▶長野Uスタジアム
home　3月31日(日)　14:00 kick off
入場者数／1,252人　天候／晴

AC長野パルセイロ・レディース				三菱重工浦和レッズレディース
3	2	前	5	5
	1	後	0	

伊藤有里彩	1	GK	GK	12	福田　史織
奥津　礼菜	2	DF	DF	17	遠藤　優
岩下　胡桃	5	DF	DF	3	石川　璃音
奥川　千沙	22	DF	DF	13	長嶋　玲奈
岡本　祐花	3	DF	DF	16	水谷　有希
菊池まりあ	14	MF	MF	6	栗島　朱里
稲村　雪乃	28	MF	MF	18	柴田　華絵
伊藤めぐみ	18	MF	MF	11	清家　貴子
三谷沙也加	7	MF	MF	19	塩越　柚歩
川船　暁海	11	FW	MF	5	伊藤　美紀
安倍　乃花	19	FW	FW	15	島田　芽依
交代要員					
長江　伊吹	4	DF	DF	24	後藤　若葉
福田　ゆい	8	MF	MF	4	佐々木　繭
大久保　舞	6	MF	MF	14	角田　楓佳
宮本　華乃	20	MF	MF	26	丹野凜々香
タニガーン デーンダー	10	FW	FW	9	菅澤優衣香

得点〔長〕伊藤め(10、74) 安倍(18)　〔浦〕オウンゴール(02) 島田(06、31) 塩越(11) 清家(19)
交代〔長〕奥津(46 長江) 稲村(46 福田) 三谷(46 宮本) 岩下(60 大久保) 川船(79 タニガーン) 〔浦〕長嶋(46 後藤) 水谷(46 佐々木) 島田(46 丹野) 塩越(69 菅澤) 栗島(80 角田)
備考　試合終了後 警告(C3＝異議)浦和 正木裕史(ヘッドコーチ)

第12節▶ノエビアスタジアム神戸
away　3月24日(日)　16:00 kick off
入場者数／1,692人　天候／屋内

INAC神戸レオネッサ				AC長野パルセイロ・レディース
3	2	前	0	0
	1	後	0	

船田　麻友	21	GK	GK	1	伊藤有里
守屋　都弥	2	DF	DF	22	奥川　千
土光　真代	3	DF	DF	5	岩下　胡
三宅　史織	5	DF	DF	3	岡本　祐
竹重杏歌理	4	DF	DF	23	久保田明
山本　摩也	7	MF	MF	20	宮本　華
松原　優菜	6	MF	MF	14	菊池まり
成宮　唯	10	MF	MF	28	稲村　雪
北川ひかる	13	MF	MF	18	伊藤めぐ
田中　美南	9	FW	MF	11	川船　暁
愛川　陽菜	24	FW	FW	19	安倍　乃
交代要員					
戸梶有野里	18	GK	DF	2	奥津　礼
井手ひなた	15	DF	MF	6	大久保
天野　紗	16	MF	FW	10	タニガーン デーン
桑原　藍	20	FW	FW	13	上田　莉
辻澤　亜唯	29	FW			

得点〔神〕守屋(15) 成宮(35) 桑原(90+3)
交代〔神〕愛川(46 天野) 三宅(86 井手) 山本(+2 桑原) 船田(90+4 戸梶) 成宮(90+4 辻 〔長〕久保田(46 奥津) 安倍(46 タニガーン) 宮 (68 上田) 稲村(86 大久保)

19節▶長野Uスタジアム
home 5月6日(月・祝振替) 15:00 kick off
入場者数／968人　天候／曇

長野パルセイロ・レディース 0（前 0-1／後 0-2）**日テレ・東京ベレーザ 3**

長野	No	Pos		Pos	No	東京ベレーザ
村 真央	21	GK		GK	31	野田 にな
久菜穂	27	DF		DF	22	坂部 幸菜
下 胡桃	5	DF		DF	3	村松 智子
深田明未	23	DF		DF	5	松田 紫野
本 祐花		MF		MF	18	岩﨑 心南
沙加	7	MF		MF	10	木下 桃香
也まりあ	14	MF		MF	19	山本 柚月
村 雪乃	28	MF		MF	6	宮川 麻都
		MF		FW	9	神谷 千菜
藤めぐみ	18	MF		FW	15	土方 麻椰
音 乃花	19	FW				

交代要員

津 礼菜	2	DF		DF	25	池上 聖七
川 千沙		MF		MF	33	岩清水 梓
ゆい	8	MF		MF	13	木村 彩那
澤 寛	29	FW		FW	29	松永 未夢
船 暁海	11	FW		FW	32	鈴木 陽

得点〔日〕土方(41、53)神谷(51)
交代〔長〕知久(57 奥津)久保(57 奥川)菊池(62 松永)藤村(62 鈴木)村松(70 岩清水)〔日〕宮本(66 小澤)三谷(76 川船)(70 池上)土方(80 木村)

第18節▶エディオンピースウイング広島
away 5月3日(金・祝) 13:00 kick off
入場者数／3,978人　天候／晴

サンフレッチェ広島レジーナ 2（前 1-0／後 1-0）**AC長野パルセイロ・レディース 0**

広島レジーナ	No	Pos		Pos	No	長野
藤田 七海	22	GK		GK	21	梅村 真央
島袋奈美恵	20	DF		DF	3	岡本 祐花
左山 桃子	6	DF		DF	5	岩下 胡桃
市瀬 千里	5	DF		DF	22	奥川 千沙
藤生 菜摘	15	MF		MF	27	知久奈菜穂
上野 真実	9	MF		MF	14	菊池まりあ
小川 愛	8	MF		MF	8	福田 ゆい
渡邊 真衣	18	MF		MF	16	鈴木日奈子
立花		MF		MF	18	伊藤めぐみ
中嶋 淑乃	11	MF		FW	20	宮本 華乃
古賀 花野	28	FW		FW	19	安倍 乃花

交代要員

松本茉奈加	14	MF		DF	2	奥津 礼菜
柳瀬楓菜	23	MF		MF	6	大久保 舞
笠原 綺乃	29	FW		MF	28	稲村 雪乃
髙橋美多紀	13	FW		FW	11	川船 暁海
李 誠雅	30	FW		FW	10	タニガーン デーンダー

得点〔広〕上野(07、76)
交代〔広〕渡邊(69 柳瀬)古賀(69 李)上野(81 髙橋)立花(81 松本)中嶋(90+2 笠原)〔長〕鈴木(46 川船)宮本(46 稲村)安倍(46 タニガーン)菊池(70 大久保)知久(77 奥津)

第17節▶長野Uスタジアム
home 4月28日(日) 14:00 kick off
入場者数／1,045人　天候／晴

AC長野パルセイロ・レディース 1（前 0-1／後 1-0）**ちふれAS エルフェン埼玉 1**

長野	No	Pos		Pos	No	エルフェン埼玉
梅村 真央	21	GK		GK	1	浅野 菜摘
知久奈菜穂	27	DF		DF	20	岸 みのり
岩下 胡桃	5	DF		DF	2	木下 栞
奥川 千沙	22	DF		DF	24	大沼 歩加
岡本 祐花	3	MF		MF	・13	佐久間未稀
菊池まりあ	14	MF		MF	26	栃谷 美羽
福田 ゆい	8	MF		MF	4	橋沼 真帆
宮本 華乃	20	MF		MF	5	瀬戸口 梢
伊藤めぐみ	18	MF		MF	19	金平 莉紗
稲村 雪乃	28	FW		FW	10	吉田 莉胡
安倍 乃花	19	FW		FW	18	髙橋 雛

交代要員

奥津 礼菜	2	DF		MF	34	桂 亜依
鈴木日奈子	16	MF				
タニガーン デーンダー	10	FW				
川船 暁海	11	FW				

得点〔長〕川船(86)〔埼〕佐久間(71)
交代〔長〕宮本(60 川船)稲村(72 鈴木)安倍(72 タニガーン)知久(85 奥津)〔埼〕橋沼(46 桂)

第16節▶新潟市陸上競技場
away 4月21日(日) 14:00 kick off
入場者数／1,508人　天候／曇

アルビレックス新潟レディース 4（前 3-1／後 1-0）**AC長野パルセイロ・レディース 1**

新潟	No	Pos		Pos	No	長野
平尾 知佳	1	GK		GK	21	梅村 真央
富岡 千宙	16	DF		DF	2	奥津 礼菜
三浦紗津紀	4	DF		DF	22	奥川 千沙
山谷 瑠奈	20	DF		DF	5	岩下 胡桃
園田 瑞貴	7	MF		MF	3	岡本 祐花
石田 千尋	18	MF		MF	28	稲村 雪乃
上尾野辺めぐみ	10	MF		MF	14	菊池まりあ
杉田 亜未	13	MF		MF	8	伊藤めぐみ
川澄奈穂美	19	FW		FW	20	宮本 華乃
石淵 萌実	8	FW		FW	16	鈴木日奈子
道上 彩花	11	FW		FW	19	安倍 乃花

交代要員

浦川 璃子	2	DF		DF	27	知久奈菜穂
白井ひめ乃	31	DF		DF	7	三谷沙也加
川村 優理	5	MF		MF	8	福田 ゆい
児野 楓香	9	FW		FW	11	川船 暁海
山本 結菜	23	FW				

得点〔新〕道上(03)石田(13)園田(25)道上(68)〔長〕奥川(52)
交代〔新〕石淵(46 白井)富岡(60 山本)杉田(60 川村)上尾野辺(81 児野)川澄(89 浦川)〔長〕鈴木(46 福田)奥津(74 知久)稲村(74 三谷)宮本(74 川船)

皇后杯 JFA 第45回全日本女子サッカー選手権大会
回戦▶兵庫県立三木総合防災公園陸上競技場
月17日(日) 11:00 kick off
場者数／490人　天候／晴

長野パルセイロ・レディース（Jリーグ/長野県）**1**（前 1-1／後 0-3）**アルビレックス新潟レディース**（WEリーグ/新潟県）**4**

長野	No	Pos		Pos	No	新潟
藤有里彩	1	GK		GK	1	平尾 知佳
津 礼菜	2	DF		DF	32	白沢百合恵
下 胡桃	5	DF		DF	4	三浦紗津紀
川 千沙	22	DF		DF	25	加村ななみ
本 祐花	3	MF		MF	7	園田 瑞貴
久保 舞	6	MF		MF	10	上尾野辺めぐみ
池まりあ	14	MF		MF	13	杉田 亜未
木日奈子	16	MF		FW	19	川澄奈穂美
本 華乃	20	FW		FW	17	滝川 結女
ガーン デーンダー	10	FW		FW	8	石淵 萌実
澤 寛	29	FW				

交代要員

田 ゆい	8	DF		DF	2	浦川 璃子
谷 沙也加	7	MF		DF	31	白井ひめ乃
倍 乃花	19	FW		MF	3	ブラフ シャーン
莉帆	13	MF		FW	23	山本 結菜

得点〔長〕タニガーン(15)〔新〕杉田(16)石淵(30?)滝川(30)川澄(52)
交代〔長〕小澤(35 福田)大久保(HT 三谷)菊池安倍)鈴木(71 上田)〔新〕川澄(60 ブラフ)上尾野辺(78 川村)杉田(78 白井)白沢(83 山)三浦(83 浦川)
〔長〕タニガーン、安倍

第22節▶長野Uスタジアム
home 5月25日(土) 14:00 kick off
入場者数／1,449人　天候／晴

AC長野パルセイロ・レディース 2（前 0-1／後 2-2）**ノジマステラ相模原 3**

長野	No	Pos		Pos	No	ノジマステラ相模原
伊藤有里彩	1	GK		GK	1	久保 吹雪
奥津 礼菜	2	DF		DF	28	南里 杏
岩下 胡桃	5	DF		DF	5	大賀理紗子
岡本 祐花	3	DF		DF	20	小野 奈美
菊池まりあ	14	MF		MF	18	榊原 琴当
稲村 雪乃	28	MF		MF	7	平田ひかり
宮本 華乃	20	MF		MF	17	川島はるな
鈴木日奈子	16	FW		MF	9	南野亜里沙
安倍 乃花	19	FW		FW	23	藤原 加奈
				FW	30	大竹 麻友

交代要員

知久奈菜穂	27	DF		DF	4	伊東 珠梨
大久保 舞	6	MF		FW	11	浜田 芽来
小澤 寛	29	FW		FW	19	笹井 一愛
川船 暁海	11	FW		FW	29	片山 由菜
				FW	33	根岸 桃子

得点〔長〕稲村(86)大久保(90+2)〔相〕藤原(16)大竹(77)根岸(90+6)
交代〔長〕宮本(46 川船)奥津(67 知久)安倍(67 小澤)菊池(79 大久保)〔相〕藤原(64 浜田)川島(81 伊東)南野(81 笹井)榊原(90+1 片山)浜田(90+1 根岸)
警告〔長〕伊藤め

第21節▶NACK5スタジアム大宮
away 5月19日(日) 14:00 kick off
入場者数／1,191人　天候／曇

大宮アルディージャVENTUS 0（前 0-0／後 0-1）**AC長野パルセイロ・レディース 1**

大宮VENTUS	No	Pos		Pos	No	長野
今村 南海	22	GK		GK	1	伊藤有里彩
有吉 佐織	6	DF		DF	2	奥津 礼菜
乗松 瑠華	5	DF		DF	5	岩下 胡桃
五﨑 京香	10	DF		DF	22	奥川 千沙
鮫島 彩	3	DF		MF	3	岡本 祐花
林 みのり	15	MF		MF	14	菊池まりあ
牧野 美優	27	MF		MF	28	稲村 雪乃
大島 暖菜	33	MF		MF	20	宮本 華乃
仲田 佑実	13	MF		MF	16	鈴木日奈子
井上 綾香	7	FW		FW	19	安倍 乃花

交代要員

田嶋みのり	18	MF		DF	27	知久奈菜穂
杉澤 海星	26	MF		FW	11	川船 暁海
船本 里奈	19	MF				
平井 杏幸	29	FW				

得点〔長〕伊藤め(22)
交代〔大〕大島(65 船本)仲田(65 田嶋)有吉(86 杉澤)井上(86 平井)〔長〕宮本(73 川船)奥津(84 知久)

第20節▶長野Uスタジアム
home 5月12日(日) 13:00 kick off
入場者数／808人　天候／曇

AC長野パルセイロ・レディース 1（前 1-1／後 1-1）**セレッソ大阪ヤンマーレディース 2**

長野	No	Pos		Pos	No	セレッソ大阪
梅村 真央	21	GK		GK	21	山下 莉奈
岩下 胡桃	5	DF		DF	3	米田 博美
奥川 千沙	22	DF		DF	7	荻久保優里
久保田明未	23	DF		MF	13	百濃実結香
岡本 祐花	3	MF		MF	14	高和 芹夏
福田 ゆい	8	MF		MF	16	中西 ふう
稲村 雪乃	28	MF		MF	18	宮本 光梨
伊藤めぐみ	18	MF		MF	28	脇阪 麗名
宮本 華乃	20	FW		FW	8	田中 智子
川船 暁海	11	FW		FW	9	矢形 海優
安倍 乃花	19	FW				

交代要員

奥津 礼菜	2	DF		FW	17	中谷 莉奈
大久保 舞	6	MF		FW	23	浅山 茉媛
鈴木日奈子	16	MF		FW	29	和田 麻希
三谷沙也加	7	MF				
タニガーン デーンダー	10	FW				

得点〔長〕鈴木(76)〔大〕矢形(39、77)
交代〔長〕久保田(56 奥津)伊藤め(68 三谷)宮本(68 鈴木)安倍(68 タニガーン)稲村(84 大久保)〔大〕中西(79 中谷)矢形(90+1 和田)田中(90+4 浅山)

AC長野パルセイロ・レディース 公式グラフ2023-24

2024年7月11日　初版発行

編　　者　信濃毎日新聞社

発　　行　信濃毎日新聞社
　　　　　〒380-8546　長野市南県町657
　　　　　メディア局出版部　TEL026-236-3377
　　　　　マーケティング局地域スポーツ推進部　026-236-3385
　　　　　マーケティング局営業部　026-236-3333

印刷製本　株式会社 日商印刷

定　　価　1,100円（本体＋税）

乱丁・落丁は送料弊社負担でお取替えします。
ISBN978-4-7840-7434-1 C0075

取　　材　信濃毎日新聞社編集局　運動部、報道部、写真映像部／マーケティング局地域スポーツ推進部

協　　力　株式会社長野パルセイロ・アスレチッククラブ

写真提供　塚田裕文

ブックデザイン　酒井隆志／髙﨑伸也

編　　集　信濃毎日新聞社メディア局出版部

＊記事中の時点表記、人物の年齢や肩書等は、各試合や出来事、新聞掲載当時のものです。